全民健身计划系列丛书

扇子舞

张　颖 / 主编

吉林出版集团股份有限公司
全国百佳图书出版单位

图书在版编目（CIP）数据

扇子舞 / 张颖主编. -- 长春：吉林出版集团股份有限公司, 2019.12（2021.10重印）
ISBN 978-7-5581-7963-1

Ⅰ. ①扇… Ⅱ. ①张… Ⅲ. ①扇操 Ⅳ. ①G834.29

中国版本图书馆CIP数据核字(2019)第268672号

SHANZIWU

扇子舞

张　颖　主编

责任编辑　田　璐　朱万军
封面设计　张振东
版式设计　吉林国艺图书有限公司
责任印刷　王　起

出　　版　吉林出版集团股份有限公司
发　　行　吉林出版集团青少年书刊发行有限公司
地　　址　长春市福祉大路 5788 号
邮政编码　130118
电　　话　0431-81629800
传　　真　0431-81629812
印　　刷　永清县晔盛亚胶印有限公司
版　　次　2020 年 4 月第 1 版
印　　次　2021 年 10 月第 2 次印刷
字　　数　100 千字
开　　本　720mm × 1000mm　1/16
印　　张　8
书　　号　ISBN 978-7-5581-7963-1
定　　价　36.00 元

全民健身计划系列丛书
编委会

主 编

张 颖

副主编

方方 范美艳

编 者

刘 颖	于 洋	王小亮	王月华
王永超	王宇佳	王连生	王玞玥
王淑清	王 霞	方 方	薛继升
田英莲	许沂铭	李鸿鹄	何艳华
何 琳	宋继新	张 月	张凤民
张彦杰	张 贺	张 楠	常桂芝
范美艳	赵 红	胡经纬	姜雅文

《扇子舞》
编写人员

于函鹭 刘 洋

前　言

党的十九大报告指出："广泛开展全民健身活动，加快推进体育强国建设。"当全民健身上升为国家战略后，日常参与健身的人群将日益扩大，大家将以各种方式强健体魄，获得感和幸福感油然而生。

面对这样可喜的局面，吉林出版集团股份有限公司青少年书刊出版发行事业部和吉林体育学院编写组共同策划、编写了"全民健身计划系列丛书"。

"全民健身计划系列丛书"能够顺应国家有关体育的大政方针，把握时代脉搏，对指导大众健身有很好的促进作用。丛书图文并茂，实用性强，力争有所创新，包括球类运动、体操健身运动、传统武术、体育舞蹈、休闲运动、格斗运动和民间体育活动等项目，通过高清图片分解健身步骤，使读者用简单易行的锻炼方式达到良好的健身效果。读者在学习的过程中，不仅能够掌握运动健身的方法，还能够学到保健方面的基本知识。

吉林体育学院的老师作为专业的体育工作者，把高等院校的理论资源转化为实践成果，使"全民健身计划系列丛书"更加具有权威性、科学性、实用性，也更贴近健身人群的需求。

希望本丛书能为社会各界热爱健身的人士提供指导与帮助。

2019 年 7 月

目录

1 第一章 概述

扇子舞是朝鲜族的代表性舞蹈，是指以扇子作为表演工具的一种舞蹈形式。练习者可以利用手中的扇子，随着队形的不断变化，组成各种图案和造型，具有较高的艺术性与欣赏性。

第一节 起源与发展

相传朝鲜族扇子舞起源于传统巫俗，后来慢慢地发展为一种表演性的舞蹈形式，为人们所接受，并逐渐流传下来。

一、起源

相传朝鲜族人在祭祀神的仪式上，会有巫人与“神灵”沟通，上祈民愿，下传“神旨”。在行巫时，巫人最初是手持矛而舞，后改用扇子。通常是右手持扇，左手持铃，做出各种动作，这就是扇子舞的雏形。

扇子舞大约在李氏朝鲜初期发展为一种宗教仪式舞蹈——巫舞，这时舞者左手持扇，右手持铃。与巫人的扇子舞不同的是，巫舞庄重整齐，以集体舞的形式呈现。

15 世纪后期，由流浪艺人组成的以卖艺为生的群体为谋求生存，常在村落里进行各种表演，包括绳上杂技、地面技艺等多种形式，称为“歌舞百戏”，其中就有扇子舞。因此，扇子舞的表演逐渐从巫俗中分离出来，成为一种习俗性舞蹈。

二、发展

扇子舞的动作舒展大方，扇子与执扇造型有机融为一体，给人以优美典雅的感受，因此，深受人们的喜爱。

（一）传播

扇子舞不仅舞种古老，还广泛流传于群众之中。扇子舞的踪迹遍布全国各地，随处可见，已发展成为中老年人喜闻乐见的表演和锻炼方式。在各大公园和社区活动广场上，无论寒暑，每天清晨或傍晚都有很多中老年人操着红扇起舞。

（二）发展趋势

为更广泛地开展群众性体育活动，增强人民体质，推动我国社会主义现代化建设事业发展，1995 年 6 月，国务院颁布了《全民健身计划纲要》，号召全社会广泛开展全民健身运动。目前，全民健身运动在国内蓬勃发展，中国特色全民健身体系框架已经初步形成。全民健身运动的开展，有利于提高人民的生活质量，丰富群众的业余文化生活，促进社会进步；还有利于加强社会主义精神文明和物质文明建设，提高我国的综合国力，振奋民族精神。

扇子舞舞蹈形式多样，体能消耗不大，特别适合中老年人练习，可以起到增强体质，修身养性，愉悦身心的作用。现在，扇子舞已发展为全民健身计划的重要组成部分。

第二节 场地、器材和装备

扇子舞对场地和装备的要求并不高，但是高质量的场地是运动顺利开展的前提，而良好的装备则是练习者发挥较高水平的必要保证。

一、场地

练习扇子舞对场地没有特别要求，有一个清洁、明亮，空气流通，无噪声干扰的空间即可。此外，如有柔和的音乐伴奏，运动效果更佳。

二、器材

（一）规格

1．扇子由扇面、扇柄和扇骨构成。

2．扇面一般没有严格的限制，一般为 62 厘米宽。

3．扇骨的数目以档来划分，两端的两片骨为大骨，又称扇柄，大骨间的若干骨为小骨，大、小骨数目之和为扇的档数，一般 16 档扇的扇骨长 30 ～ 32 厘米，见图 1-2-1。

（二）材质

1. 扇面最常用的材料为纸，也有用绢、纱、丝绸、化纤面料的，其中舞蹈扇的扇面多由丝绸或化纤材料制成。

2. 扇骨一般用竹、木、牙、角或塑料等材料制成。

图 1-2-1

三、装备

扇子舞对服装和鞋等装备都没有特别要求，穿着舒适得体即可。

（一）服装

练习者最好身着宽松舒适的运动服。服装要便于运动，一般为吸汗性和透气性较好的纯棉制品。见图 1-2-2。

图 1-2-2

(二)鞋

运动时可以穿弹性好、柔软性强的运动鞋，最好为气垫式，有助于运动时的缓冲。见图 1-2-3。

图 1-2-3

2 第二章 运动保健

体育运动对增强体质、预防疾病和促进人体健康具有良好的作用。但是，并非所有人做相同的运动都会达到同样的效果。对于同一种运动负荷，不同的人机体反应差异很大。即使是同一个个体，在不同时期、不同机能状态下，对同一负荷的反应及收到的效果也是不一样的。因此，对于不同个体，应制定适合其机能需要的运动强度、时间、频率和持续周期。从事体育锻炼一定要讲究科学性，使机体最大限度地获得运动价值，使某些疾病得到有效的防治或祛除。

第一节 自我身体评价

自我身体评价是指根据个体的不同情况，以及简单的功能评定标准，对锻炼者进行身体评价，并以此为依据，确定具体的锻炼内容。

一、适宜人群

体适能是全身适应性的一部分，是人体对现代生活的适应能力。为了促进健康、预防疾病、提高生活质量和工作学习效率，几乎所有人都可以追求健康体适能，而且经过简单的评价和测试，均可以成为目标人群，即适宜人群。

（一）健康体适能评价标准

健康体适能是指身体有足够的活力和精力处理日常事务，不会感到过度疲劳，并且还有足够的精力去享受休闲活动或应付突发事件。

健康体适能是确定锻炼者是否为运动适宜人群的主要依

据。目前的评价标准主要包括国民体质测定标准、学生体质测定标准和普通人群体育锻炼标准等。

国民体质测定标准主要包括形态指标、机能指标和素质指标3部分，各项指标的测定结果为1～5分，共5个级别。凡各项指标达不到4分或5分者，均应纳入健身人群。

学生体质测定标准分为优秀、良好、及格和不及格4个级别。优秀水平以下者，均应被纳入健身人群。

普通人群体育锻炼标准分为5个级别，凡达不到4分或5分者，均应纳入健身人群。

（二）简易运动功能评定

简易运动功能评定的目的在于确定锻炼者有无运动禁忌症或临时运动禁忌，即是否适合参加体育锻炼，以防万一，避免意外事故发生。目前通行的方式为3分钟踏台阶测试。

1. 目的

测试锻炼者运动后心率恢复情况，以评估其心肺功能。

2. 器材

30厘米高的长凳、节拍器、秒表和时钟。见图2-1-1。

3. 步骤

(1) 节拍器设定为每分钟96次，测试者依“上上下下”的节拍运动3分钟，每次踏上台阶应达到直膝，而且先踏上的脚先落下。

(2) 测试者完成3分钟踏台阶后，5秒钟内开始测量脉搏，时间为1分钟，记录下心率，并依据表2-1-1评价功能水平。

(3) 运动后心率越低，证明心肺功能越好，在运动强度允许的范围内，锻炼者可选择运动强度的较高值来进行运动。

4. 注意事项

如测试者经过努力仍无法达标，或出现头晕、胸闷、出冷汗等症状，应立即终止测试。运动中应特别考虑运动强度，以防止出现意外。

图 2-1-1

表 2-1-1（单位：次 / 分钟）

	年龄(岁)	欠佳	尚可	一般	良好	优异
男士	18~25	>115	105~114	98~104	89~97	<88
	26~35	>117	107~116	98~106	89~97	<88
	36~45	>119	112~118	103~111	95~102	<94
	46~55	>122	116~121	104~115	97~103	<96
	56~65	>119	112~118	102~111	98~101	<97
	65+	>120	114~119	103~113	96~102	<95
女士	18~25	>125	117~124	107~116	98~106	<97
	26~35	>128	119~127	111~118	98~110	<97
	36~45	>128	118~127	110~117	102~109	<101
	46~55	>127	121~126	114~120	103~113	<102
	56~65	>128	118~127	112~117	104~111	<103
	65+	>128	122~127	115~121	101~114	<100

二、锻炼目标

锻炼目标应根据锻炼者不同的身体状况来确定，可分为近期目标和远期目标。此外，确定锻炼目标还应结合锻炼者的运动意向、愿望、兴趣，以及本人的健康状况等因素来进行。

（一）近期目标

近期目标是指锻炼者初期应达到的目标。在进行运动前，应首先明确锻炼目标，即近期目标。选择一两个健康体适能构成要素，作为未来两个月内努力完成的目标，而且应从成功概率较高的构成要素开始，并将预期两个月后要达到的目标做上记号，如提高某个或某些关节的活动幅度，增强某块肌肉或某肌肉群的力量等。

（二）远期目标

远期目标是指锻炼者最终要达到的目标。实践证明，经过科学合理的锻炼，锻炼者是可以达到一般的远期目标的，如提高心肺功能，使其达到优秀的等级，或达到降血脂和防治高血压、冠心病的目的等。

三、运动负荷

运动负荷即运动量。怎样控制运动量、合适的运动时间是多少等，一直是有争议的问题。但有一点是可以肯定的，任何的意见和建议，都需要综合考虑锻炼者的身体状况和所要达到的目标，并以此为依据来制订科学的身体锻炼计划。

(一)运动强度

在运动过程中，运动强度过小，无法达到锻炼效果；运动强度过大,不仅达不到最佳的锻炼效果,还可能产生一些副作用，甚至出现意外事故。确定运动强度有两种方法，即心率简易推测法和主观感觉疲劳分级表推测法。

1. 心率简易推测法

(1) 年龄在 20 岁左右的年轻人，身体健康，能坚持体育锻炼，欲进一步提高身体机能，可取最大心率值（最大心率值=220- 年龄）的 65% ～ 85%。

(2) 年龄在 45 岁以下，身体基本健康，有运动习惯者，开始进行健身锻炼,可取最大心率值的 65% ～ 80%;没有运动习惯者，开始进行健身锻炼，可取最大心率值的 60% ～ 75%。

(3) 年龄在 45 岁以上，身体基本健康，有运动习惯者，开始进行健身锻炼，可取最大心率值的 60% ～ 75%；没有运动习惯者，建议根据自身情况咨询专业人员来指导和确定运动强度。

2. 主观感觉疲劳分级表推测法

运动的疲劳程度大致分为 10 级,具体为: 0 ～ 1 级,没感觉; 2 ～ 3 级,尚轻松; 4 ～ 5 级,稍累; 6 ～ 7 级,累; 8 ～ 9 级,很累; 10 级，精疲力竭。因此，健身锻炼的运动强度应控制在主观感觉疲劳程度的 4 ～ 7 级之间。

(二)运动频率

运动频率是指每日及每周锻炼的次数。一般每周锻炼 3 ～ 4 次，即隔日锻炼 1 次即可。充足的休息时间可使机体得到充分的休息，能收到更好的锻炼效果。

(三)运动持续时间

运动强度和运动持续时间决定了一次锻炼的运动量和热量消耗。运动持续时间与运动强度成反比，运动强度大，运动持续时间可相应缩短；运动强度小，则运动持续时间相应延长。一般的健身锻炼，运动持续时间以每天 20 ～ 60 分钟为宜，其中包括准备活动时间、健身锻炼时间和整理活动时间。每次健身锻炼应在 20 分钟以上，锻炼可一次性完成，也可分段进行，但每段活动时间应在 10 分钟以上。

第二节 运动价值

运动价值是人们一直在探讨的问题。一般认为，运动具有两个方面的价值，即健身价值和心理价值。身体和精神的健康是相互依存的，伴随着身体功能的改善，精神状况也能同时得到改善。

一、健身价值

健身价值在于提高体适能。体适能包括心肺耐力素质、肌肉力量素质、柔韧性素质和身体成分等。体适能的发展是积极从事锻炼的结果，只有规律性的体育锻炼才能达到最佳的体适能。

（一）提高心肺耐力素质

心肺耐力是指全身肌肉进行长时间运动的持久能力，是体内心肺系统对身体各细胞的供氧能力。人体的心脏、肺、血管、血液等组织的功能是心肺耐力的基础，与氧气和营养物质的输送以及代谢物的清除有关。健全的心肺功能是健康的基本保证。

系统的体育锻炼，可以使心肌增厚，收缩力加强，心室容积增大，从而使心脏的泵血功能增强，表现为心血输出量增加，心脏的能力得到提高。

系统的体育锻炼，也可使呼吸系统机能得到提高，表现为呼吸肌力量增强，肺活量、肺通气量明显增加，呼吸系统的工作能力提高，同时还提高了向机体供氧的能力。

系统的体育锻炼，可以促进血管系统的形态、机能和调节能力，提高机体的工作能力。

系统的体育锻炼，可以使血液系统产生某些适应性变化，如血容量增加、血黏度下降、红细胞膜弹性增强、红细胞变形能力增强等。

（二）提高肌肉力量素质

肌肉力量是指肌肉最大收缩产生的对抗阻力或负荷的能力。肌肉力量只有达到一定程度，才能克服外界阻力，而克服外界阻力是维持日常生活自理能力，从事各种劳动和运动的必要前提。

系统的体育锻炼，可以提高肌肉的生理横断面积，改善神经系统对肌肉收缩的支配功能，还可以提高肌肉内代谢物质的储备量，以有效地提高肌肉质量，使肌肉力量得到提高。

（三）提高柔韧性素质

柔韧性是指人体各关节的活动幅度，即关节的肌肉、肌腱和韧带等软组织的伸展能力。柔韧性对于保证正常生活质量、维持正常体态、预防损伤发生和减轻损伤程度等方面均起着至关重要的作用。

通过系统的体育锻炼，可以延缓因年龄因素而导致的身体柔韧性下降，预防因缺乏运动而导致的关节结构、周围软组织和膝关节肌肉退化，从而使锻炼者在日常生活、劳动和运动时充满活力。

（四）改善身体成分

身体成分是指人体体重中的脂肪组织和去脂组织的重量百分比。身体成分中的脂肪成分增加，肌肉成分必然下降。身体中不具备收缩功能的脂肪组织增加，必然导致身体进行各种活动的能力下降、基础代谢水平降低和肥胖症、冠心病、高血压、糖尿病、高血脂等慢性疾病发病率的升高。因此，合理的身体成分是保证人体健康的重要内容之一。

系统的体育锻炼可以使锻炼者的体质得到增强，这样，热量消耗便会随之增加，进而燃烧体内多余的脂肪，使身体成分得到改善。而身体成分的改善，又可以减少体重对关节带来的不利影响，还可以使肥胖者的心理状况得到改善，增强其自信心，逐步建立健康的生活方式。

二、心理价值

研究证明，体育锻炼不但可以使锻炼者增强体质、促进身体健康、预防慢性疾病，还可以提高锻炼者的生活满意度和生活质量，对其心理健康产生明显的积极影响。

体育锻炼的心理健康效应主要表现在以下 6 个方面：

（一）改善情绪状态

1. 短期效应

研究发现，体育锻炼对人的情绪状态具有显著的短期效应。运动后人们的焦虑、抑郁、紧张和心理紊乱程度显著减轻，而精力和愉快程度则显著增强。这种情绪的迅速变化，与锻炼者个体的健康状况、活动形式和活动强度等有直接的联系。

2. 长期效应

体育锻炼对人情绪的长期效应有直接影响，与不锻炼者相比，有规律的锻炼者在较长时期内很少会产生焦虑、抑郁、紧张和心理紊乱等情绪。

（二）完善个性行为特征

人的行为特征一般可以分为两种类型，用 A 型行为特征和 B 型行为特征来表示。A 型行为特征主要表现为性情急躁、争

表 2-2-1 A、B 型行为特征表现

A 型行为特征者常见表现	B 型行为特征者常见表现
约会从来不迟到	对约会很随便
竞争意识很强	竞争意识不强
别人要讲话时总爱抢先或插话	别人讲话时是很好的听众
总是匆匆忙忙	即使有压力也从不匆忙
等待时缺乏耐心	能够耐心等待
做事全力以赴	处事漫不经心
同时想做很多事	在一定时间里只做一件事情
讲话喜欢加重语气，甚至敲桌子	讲话语速缓慢、不慌不忙
做了好事希望能得到别人的承认	只要自己满意即可，不管别人怎么想
吃饭、走路都很快	没什么业余爱好
不善与人相处	为人随和
容易暴露自己的情感	能控制自己的感情
具有广泛的兴趣	满足于目前的工作和学习状况
胸怀雄心壮志	做事情很慢

强好胜、容易激动、整天忙碌等；B 型行为特征主要表现为不好竞争、不易紧张、不赶时间、待人随和、喜欢自由自在等。具有 A 型行为特征的人由于过度紧张的情绪反应，会引起内分泌失调，增加心脏病发病的概率。目前的一些研究主要集中在体育锻炼对改变 A 型行为特征的作用方面。研究结果表明，有规律的体育锻炼能明显改变 A 型行为特征，使其发生显著的积极变化。见表 2-2-1。

（三）确立良好的自我概念

自我概念是指个体对自己身体、思想和情感的主观整体评价，由许多自我认识组成，包括我是什么人、我主张什么和我喜欢什么等。

坚持体育锻炼，可以使锻炼者体格强健、精力充沛、提高驾驭身体的能力，从而改善对自身的满意程度，确立良好的自我概念。

（四）改变睡眠模式

根据脑电图显示，人的睡眠可以分为两种状态，即慢波睡眠状态和快波睡眠状态，前者为浅度睡眠状态，后者为深度睡眠状态。一夜之间两种睡眠状态会交替发生 4 ～ 5 次。

有规律的体育锻炼不仅对慢波睡眠有改善作用，而且能缩短入眠的潜伏期，延长睡眠时间。

（五）改善认知能力

体育锻炼还能改善人的认知过程，避免反应时间过长、注意力不集中和思维混乱等症状的发生，尤其对老年人认知能力的改善效果更为明显。

（六）增强心理治疗效应

体育锻炼被公认为是心理治疗的好方法。目前，人群中常见的心理疾病是抑郁症和焦虑症。研究发现，体育锻炼是治疗抑郁症的有效手段之一。抑郁症患者经过有规律的体育锻炼，能显著减轻症状。

体育锻炼还具有治疗焦虑症的作用，通过有规律的体育锻炼，锻炼者的焦虑症状可以得到明显缓解。

第三节 运动保护

在运动过程中，人体机能会随时发生变化。因此，应针对这个特点来进行体育锻炼，也就是我们所说的运动保护。运动保护一般包括运动前准备、运动后放松和自我养护 3 个方面。

一、运动前准备

准备活动是指在正式运动之前进行的有目的的身体练习。做好充分的准备活动，可以缩短机体进入最佳状态的时间，同时还可以预防运动损伤的发生，为机体发挥最大的工作效率做好功能上的准备。

（一）准备活动的作用

1. 提高中枢神经系统兴奋状态

(1) 使大脑反应速度加快，参加活动的运动中枢神经间相互协调。

(2) 为正式运动时生理机能达到适宜程度提前做好准备。

2. 提高机体代谢水平

(1) 准备活动可以使锻炼者体温升高，降低肌肉黏滞性，使肌肉的伸展性、柔韧性和弹性增强，从而有效预防运动损伤的发生。

(2) 准备活动可以增强体内代谢酶的活性，使物质代谢水平提高，以保证运动时有较充分的能量供应。

3. 克服内脏器官生理惰性

(1) 准备活动可以提高心血管系统和呼吸系统的机能水平，使肺通气量及心血输出量增加。

(2) 可以使心肌和骨骼肌的毛细血管扩张，使其工作肌获得更多的氧，从而克服内脏器官的生理惰性，使之尽快达到最佳状态。

4. 增加皮肤毛细血管血流量

准备活动可以使皮肤毛细血管的血流量增加，运动后毛细血管扩张，有利于散热，降低体温，有效防止正式活动时由于体温过高而影响运动能力。

(二) 准备活动的要求

1. 准备活动的时间

(1) 准备活动的时间可以根据运动项目的具体情况确定，一般以 10 ～ 30 分钟为宜。

(2) 准备活动与正式运动的间隔时间，一般以不超过 15 分钟为宜，可以在做完准备活动后立刻进行正式运动。

2. 准备活动的强度

(1) 准备活动的强度和量应较正式运动小，以免引起疲劳。

(2) 准备活动的量可以由心率决定，心率以 100 ～ 120 次 / 分钟为宜。

(三) 一般性准备活动

一般性准备活动的内容多以伸展运动开始，然后进行一般性的跑步、徒手体操等活动。

下面介绍一套常用的一般性准备活动操，供锻炼者运动前使用。这套活动操主要包括头部运动、肩部运动、扩胸运动、体侧运动、体转运动、髋部运动和踢腿运动等。

1. 头部运动

两手叉腰，两脚左右开立，做头部向前、向后、向左、向右，以及绕环运动。见图 2-3-1。

图 2-3-1

2. 肩部运动

手扶肩部，屈臂向前、向后绕环，以及直臂绕环。见图 2-3-2。

图 2-3-2

3. 扩胸运动

屈臂向后振动及直臂向后振动。见图 2-3-3。

图 2-3-3

4. 体侧运动

两脚左右开立，一手叉腰，另一臂上举，并随上体向对侧振动。见图 2-3-4。

图 2-3-4

5. 体转运动

两脚左右开立，两臂体前屈，身体向左、向右有节奏地扭转。见图 2-3-5。

图 2-3-5

6. 髋部运动

两脚左右开立，两手叉腰，髋关节放松，向左、向右 360 度旋转。见图 2-3-6。

图 2-3-6

7. 踢腿运动

两臂上举后振，同时一腿向后半步，重心置于前腿，两臂下摆后振，同时向前上方踢腿。见图 2-3-7。

图 2-3-7

二、运动后放松

运动后放松是指运动后进行的一些能够加速机体功能恢复的、较轻松的身体活动。与运动前的准备活动相反，其目的是使锻炼者的生理机能水平逐步得到恢复。

（一）放松方法

1. 运动性手段

(1) 运动结束后，锻炼者可采用变换运动部位的方法来消除疲劳，如上肢出现疲劳时可做一些慢跑运动，下肢出现疲劳时，可做一些上肢运动。

(2) 转换运动类型也是一种不错的放松方法，如打羽毛球出现疲劳时可做瑜伽来达到放松的目的。

(3) 还可以用调整运动强度的方法来缓解疲劳，如可以在放松过程中，采用小强度的轻微运动方法等。

2. 整理活动

(1) 整理活动是指运动后所做的一些能够加速机体功能恢复的身体活动，如剧烈运动后进行 3 ～ 5 分钟慢跑或其他整理活动，使身体机能得以恢复。

(2) 剧烈运动后若不做整理活动而骤然停止动作，会影响氧气的补充和静脉血的回流，使机体血压降低，引起不良反应。见图 2-3-8。

(二) 注意事项

1. 在进行整理活动时动作应缓慢、放松，运动量不要过大，否则会引发新的疲劳。

2. 在进行整理活动时，应当保持心情舒畅、精神愉悦。

图 2-3-8

三、自我养护

锻炼后，锻炼者感觉身体疲劳是一种正常的生理现象，是体育锻炼过程中的正常反应。随着体育锻炼时间的延长，疲劳症状自然会消失。运动性疲劳出现后，锻炼者如果采用一些自我养护措施，可以加速身体机能的恢复，尽快消除疲劳，提高锻炼效果。常见的自我养护方法主要包括运动后休息、合理营养和物理手段。

（一）运动后休息

1. 静止性休息

（1）静止性休息是指锻炼者运动后保持机体相对静止的状态，以促进身体机能恢复，尽快消除疲劳。

（2）静止性休息的最佳方式是睡眠，特别是刚开始从事锻炼者，身体不适应或疲劳症状明显时，更应该保证充足的睡眠，否则，锻炼者虽然积极参加了体育锻炼，但收效甚微，甚至会导致过度疲劳症状的发生。

（3）静止性休息更适合消除全身运动导致的整体疲劳症状。见图 2-3-9。

图 2-3-9

2. 积极性休息

（1）积极性休息更适合由于少量肌肉群参与工作而导致的局部疲劳，或运动强度较大而导致的快速疲劳。

（2）积极性休息可以加速血液循环，有利于代谢物排出体外，对促进身体机能的恢复具有明显的效果。见图 2-3-10。

图 2-3-10

(二)合理营养

小强度、长时间的运动形式，主要是靠糖原的有氧代谢提供能量。运动后应及时补充淀粉类食物，如面粉、大米等，以促进糖原的合成。随着人民生活水平的提高，在饮食结构中，肉类食品的比重不断增加，而淀粉类食品的比重逐渐减少，这一现象应当引起人们的注意。特别是老年人参加体育锻炼，更应注意对淀粉类食物的补充。

强度较大、时间又相对较长的运动形式，主要是靠糖原的无氧代谢提供能量。这样，糖原无氧代谢产物——乳酸便会在体内大量堆积。因此，运动后应多补充蔬菜、水果等碱性食品，以加速乳酸的清除，尽快消除疲劳。见图 2-3-11。

图 2-3-11

(三)物理手段

1. 按摩及牵拉

(1) 通过按摩刺激神经末梢、皮肤结缔组织和毛细血管，可以使紧张的肌肉得以放松，从而改善局部组织，加速全身的血液循环，达到促进身体机能恢复的目的。这种方法可以在锻炼后马上进行。

(2) 此外，还可以采取缓慢牵拉肌肉的方法，使收缩的肌肉得到充分的伸展放松。见图 2-3-12。

图 2-3-12

2. 水疗及电疗

(1) 水疗包括芬兰式蒸汽浴、热水浴和桑拿浴等多种形式，主要作用是通过提高体温促进血液循环，清除代谢物，以达到尽快消除疲劳、恢复体力的目的。

(2) 水疗的时间一般以不超过 30 分钟为宜，如果时间过长，会进一步消耗体力，严重时甚至会出现暂时性脑缺血现象。

(3) 如果条件允许，还可以对疲劳的肌肉进行低频治疗。低频治疗仪的原理是模拟针灸疗法，使用时将电极用不干胶对称地粘贴在运动部位表皮上。这种疗法可以促进局部血液循环，改善组织代谢，缓解肌肉酸痛，消除疲劳。

3

第三章 基本技术

基本技术是组成成套动作的基本元素，也是学习扇子舞的基础。随着扇子舞的发展，其基本技术也在不断地创新，新技术层出不穷。基本技术包括基础知识和基本动作等。

第一节 基础知识

通过基础知识的学习，可以更深入地了解和掌握扇子舞的基本技术。基础知识包括动作术语和动作要求等。

一、动作术语

术语是指各门学科的专门用语。扇子舞的动作术语是用来表达扇子舞的动作名称，描述动作、技术过程的专门用语和专有词汇，包括基本方位术语和器械术语等。

（一）基本方位术语

为了便于理解扇子舞中的有关方位，在扇子舞学习中，身体的方位一般以练习者自身为基点，以面向观众的方向为正前方，称为 1 点，每向右转 45 度为 1 个方向，共分 8 个方向，分别为 1 点、2 点、3 点、4 点、5 点、6 点、7 点、8 点方向。

（二）方向术语

基本方向一般以人体站立时的身体部位来确定。每一个方向都用一个身体部位来做基本参照点。

1. 前

胸部所对的方向为前。

2. 后

背部所对的方向为后。

3. 侧

肩侧所对的方向为侧，有左侧和右侧之分。

4. 上

头顶所对的方向为上。

5. 下

脚底所对的方向为下。

（三）器械术语

器械术语是指所使用器械体现的动作专门用语，在这里单指“扇子”，主要以扇子所处的位置来划分。

1. 全开扇

扇柄完全打开，将扇面所有部位展露出来。

2. 半开扇

扇柄没有完全打开，扇面打开一半。

3. 合扇

扇柄合起，扇面完全合上。

4. 立扇

扇面向前，扇头部正对身体侧面。

5. 平扇

扇面向上，扇头部正对身体上方。

二、动作要求

扇子舞的动作灵活、优美、舒展。练习扇子舞，关键是练习手腕、上肢和下肢部位的动作，掌握这三个部位动作的基本要求，可以提高练习者的动作质量。

（一）手腕动作要求

扇子舞属于器械类项目，需要身体与器械协调配合。手腕是直接控制器械的力量，因此，手腕动作是决定扇子舞动作好坏的重要因素。为保障扇子的活动范围，手腕的灵活性要强，幅度要大。手持扇的力度要适中，既要发力控制和固定扇子的位置，又不能力度过大，影响扇子的活动范围。

（二）上肢动作要求

上肢动作主要由手臂和胸部来完成。为使扇子舞的动作优美，手臂动作应尽量做到伸展，肩部打开，用前臂的力量来控制扇子开合的节奏和力度效果最佳。胸部动作要求展胸、含胸分明，体现扇子舞动作舒展的特点。

（三）下肢动作要求

由于扇子舞的动作效果主要是以扇子来体现的，因此下肢动作主要起辅助作用。下肢动作要求移动的速度快，步伐准确，能够带动重心到准确的位置上。例如，碎步时，膝盖应弯曲，保持重心下降，突出手臂动作的幅度。

第二节 基本动作

基本动作是成套动作的基础，是组成组合动作的基本单位。学习扇子舞，首先应掌握基本动作，为以后准确地把握复杂动作做准备。在熟练掌握了基本动作后，可自行组合创编出多种扇子舞组合动作。基本动作包括常用基本动作和基本动作组合等。

一、常用基本动作

常用基本动作是指扇子舞中经常用到的单个动作，多用于编排组合动作和成套动作，以丰富其内容。常用基本动作包括握扇技术、上肢基本动作、躯干基本动作和下肢基本动作等。

（一）握扇技术

握扇技术是指练习扇子舞过程中，练习者的手与扇子接触的方法、力度等方面的技术。握扇技术是保证扇子舞效果的关键，包括自然握、固定握、两手握扇和一手合扇等。

★自然握

1. 动作方法

开扇，将扇柄握在手里，大拇指在扇子的一面横握，其余四指自然弯曲，握扇子的另一面。见图3-2-1。

图 3-2-1

2. 技术要点

手指各关节自然弯曲，握扇动作自然而不松弛。

3. 错误纠正

练习时易出现手指僵硬，导致扇面不平稳等问题。因此，应保持握扇动作自然。

★固定握

1. 动作方法

开扇，将扇柄置于手掌里，虎口分开，大拇指伸直，夹握扇子的一面，其余四指自然分开，伸直贴在扇子的另一面。见图3-2-2。

图 3-2-2

2. 技术要点

手腕力度适中，既要固定住扇子的现有位置，又要放松，不影响扇子的灵活性。

3. 错误纠正

练习时易出现力度过大，使扇面无法灵活转换等问题。因此，应注意握扇时手指发力适中。

★两手握扇

1. 动作方法

开扇，两手分别握住扇子的两个角，也可两手握合扇的两端。见图3-2-3。

2. 技术要点

注意握扇位置要正确。

3. 错误纠正

练习时易出现握扇位置错误等问题。因此，应注意握扇位置，握扇手指力度要适中。

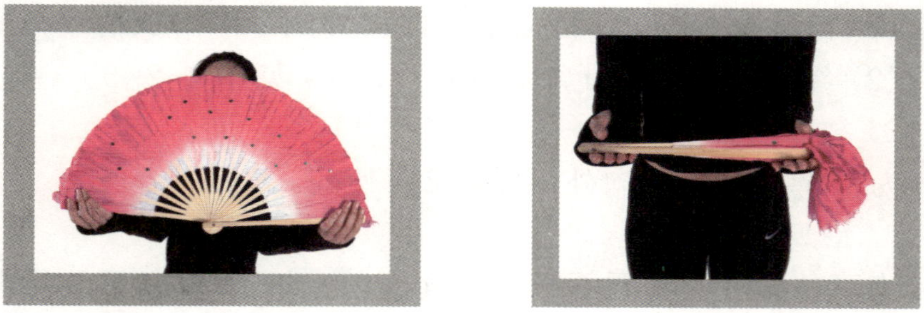

图3-2-3

★一手合扇

1. 动作方法

合扇，使扇子呈一短棒状，一只手虎口张开，握扇柄的一端。见图3-2-4。

2. 技术要点

手腕立起，使扇头向上，扇柄垂直于地面。

图3-2-4

3. 错误纠正

练习时易出现扇子位置不稳定等问题。因此，应加大手腕力度，以固定扇子的位置。

（二）上肢基本动作

上肢基本动作是指在扇子舞练习中，由上肢完成的简单的基础动作，包括绕摆扇、横摆扇、侧摆扇、扣扇、上举扇、落扇、上送扇、侧送扇和挽扇等。

★绕摆扇

1. 动作方法

（1）自然握扇柄，保持扇子反面向外，停于左肩处。

（2）经腹部划至右上举，荷叶边向下。见图 3-2-5。

2. 技术要点

为保持扇子反面向外，手腕应向外翻。

3. 错误纠正

练习时易出现扇面不平稳等问题。因此，手臂应尽量伸直，手臂路线尽量伸展。

图 3-2-5

★横摆扇

1. 动作方法

自然握扇柄，上臂以肩为轴，前臂以肘为轴，在不同的平面上做左右、前后、上下和水平面上的钟摆式弧形运动。见图3-2-6。

2. 技术要点

动作开始与结束时的扇面位置是不一致的，手腕应有翻转动作。

3. 错误纠正

做摆动动作时易出现手臂弯曲、扇子绕动幅度不够等问题。因此，肩、肘应放松，手腕控制好扇面，摆动动作自然、柔和。

图3-2-6

图 3-2-7

★侧摆扇

1. 动作方法

(1) 两臂侧平举，荷叶边向下。

(2) 两手握扇柄于头上，反面向前。

(3) 两臂侧平举。

(4) 反扇收回胸前。见图 3-2-7。

2. 技术要点

(1) 做反扇收回胸前动作时，手臂注意伸直，保持动作最远路线。

(2) 扇面变换较频繁，注意手腕翻转动作要正确。

3. 错误纠正

练习时易出现手腕内扣力不够、扇面不平稳等问题。因此，应手腕力度适中，控制好扇面。

图 3-2-8

★扣扇

1. 动作方法

(1) 握扇手臂弯曲，使扇面立起于体前。

(2) 直接将正面扇外开，手臂伸直。见图 3-2-8。

2. 技术要点

扣扇时肘关节要抬起，离开身体。

3. 错误纠正

练习时易出现扇面后倾等问题。因此，应手腕力度适中，控制扇面。

★上举扇、落扇

1. 动作方法

(1) 两手握扇柄举至头上。

(2) 两臂直接下落于体前。见图 3-2-9。

2. 技术要点

上举扇时是扇子正面向外，下落时是扇子反面向外。

3. 错误纠正

上举扇时易出现两臂弯曲，影响动作幅度等问题。因此，应尽量伸直两臂。

图 3-2-9

★上送扇

1. 动作方法

(1) 两手握扇柄送至头上，扇呈半开状。

(2) 两臂直接下落于体前，扇面完全打开。见图 3-2-10。

2. 技术要点

上送扇时是扇子正面向外，下落时扇子反面向外。

3. 错误纠正

上举扇时易出现两臂弯曲，影响动作幅度等问题。因此，应尽量伸直两臂。

图 3-2-10

★侧送扇

1. 动作方法

（1）以向左侧送扇为例，握扇手臂向身体左侧斜下方送出，合扇，扇头向下。

（2）合扇，将扇子收于胸前，扇头立起。见图 3-2-11。

2. 技术要点

送扇时保持扇头、手腕、手臂在一条直线上，不要过于压腕。

3. 错误纠正

练习时易出现手臂弯曲，送扇路线不够远等问题。因此，手臂应尽量向远处伸直。

图 3-2-11

★挽扇

1. 动作方法

(1) 两臂由身体右侧开始内划，荷叶边下垂。

(2) 经体前平扇正面向上运动至头上方，保持扇面向上，两臂伸直。

(3) 下落时经身体左侧两手握扇，保持平扇。

(4) 抱扇于胸前，扇子反面向正前方。见图 3-2-12。

2. 技术要点

完成手臂动作路线时，注意保持扇面。

3. 错误纠正

练习时易出现扇面不稳定，手臂路线没有完全伸展开等问题，因此，应尽量伸展手臂，控制扇面的稳定性。

图 3-2-12

（三）躯干基本动作

躯干基本动作是指，在扇子舞练习中，由躯干完成的简单的基础动作，包括向左、向右转髋，向前、向后送髋和反摆髋等。

★ 向左、向右转髋

1. 动作方法

髋部绕垂直轴（由头部起沿身体向下垂直于地面的纵轴）左、右摆动。见图 3-2-13。

图 3-2-13

2. 技术要点

重心与摆动的方向要协调一致。

3. 错误纠正

练习时易出现上体前后晃动，重心不稳等问题。因此，应尽量收紧腹部，控制核心部位的力量。

★ 向前、向后送髋

1. 动作方法

髋部绕身体垂直轴前、后摆动。见图 3-2-14。

图 3-2-14

2. 技术要点

练习时要注意髋关节与上下肢的协调配合，不能使动作分解。

3. 错误纠正

练习时易出现上体前后晃动，重心不稳等问题。因此，应尽量收紧腹部，控制核心部位的力量。

★ 反摆髋

1. 动作方法

（1）两脚分开，向左侧摆髋时身体重心向右，两手向右侧推，扇子正面向前。

（2）向右侧摆髋时身体重心向左，扇子反面向前。见图 3-2-15。

图 3-2-15

2. 技术要点

髋摆动方向与重心移动相反，应注意动作的协调。

3. 错误纠正

练习时易出现推扇方向与髋关节一致，影响反摆髋动作效果等问题。因此，应注意调整推扇方向。

（四）下肢基本动作

下肢基本动作是指，在扇子舞练习中，由下肢完成的简单的基础动作，包括脚尖侧点地、反摆髋、小崴、反崴和跳颠崴等。

★ 脚尖侧点地

1. 动作方法

单脚向体侧迈步，脚尖侧点地，另

一条腿弯曲，重心落在弯曲腿上，见图3-2-16。

图 3-2-16

2. 技术要点

注意重心的转换。

3. 错误纠正

练习时易出现髋关节及重心变化错误等问题。因此，重心移动应快速，跟上点地脚改变的速度。

★ 反摆髋

1. 动作方法

(1) 以左脚为例，左脚向右脚斜前方迈一小步，两臂自然向左侧摆动。

(2) 右脚再向左脚前方交叉迈一小步，两臂向右侧摆动，扇头向下。

(3) 左脚向斜后方退一步，打开交叉，两臂向左侧摆动。

(4) 收回右脚还原。见图 3-2-17。

图 3-2-17

2. 技术要点

步伐不宜过大，重心要跟随步伐移动。

3. 错误纠正

练习时易出现上下肢动作不协调等问题。因此，手臂摆动应与脚步尽量协调。

★ 小崴

1. 动作方法

(1) 以左脚为例，左脚脚尖点地，

膝盖弯曲，身体向右转，合扇，手臂摆向左侧，重心落在右脚上。

（2）换脚，动作相同，方向相反。见图 3-2-18。

图 3-2-18

2. 技术要点

注意脚尖点地的方向与身体重心相反。

3. 错误纠正

练习时易出现身体转动与脚尖点地的方向一致等问题。因此，应对照镜子反复练习，体会动作要领。

★反蹴

1. 动作方法

（1）左脚向体前迈步，重心后坐，右脚支撑腿弯曲。

（2）右脚向体前迈步，重心后坐，左脚支撑腿弯曲。

（3）左脚后退一大步，髋关节向右侧摆动，重心落在两脚之间。

（4）右脚后退一大步，髋关节向左侧摆动，重心落在两脚之间。见图 3-2-19。

2. 技术要点

注意重心的变化要跟上步伐的速度。

图 3-2-19

图 3-2-20

3. 错误纠正

练习时易出现重心与出脚方向一致，造成动作不协调等问题。因此，应对照镜子反复练习，体会动作要领。

★跳颠崴

1. 动作方法

(1) 左腿吸腿跳，髋部向右侧摆动，重心在右脚，两手向左摆动，平扇。

(2) 跳起腿直接向体前踢出，右手握扇向前，左手向左侧伸出，扇头向下。见图 3-2-20。

2. 技术要点

注意髋部动作，重心保持稳定。

3. 错误纠正

练习时易出现吸腿跳造成身体重心不稳等问题。因此，应对照镜子反复练习，体会动作要领。

二、基本动作组合

基本动作组合是将扇子舞的基本动作简单地进行相互连接，使练习者熟悉动作之间的连接方式和变化节奏，为独自创编打下基础。基本动作组合包括头颈动作组合、上肢动作组合、髋部动作组合和下肢动作组合等。

(一)头颈动作组合

头颈动作组合是把头部运动相连接，使练习者充分掌握头颈部的基本动作，共四个 8 拍。

1. 动作方法

(1) 第一个 8 拍：1 ～ 2 拍两臂于身体两侧打开，右手正握扇，扇面向前，荷叶边向上，头部转向右侧，目视扇侧面；3 ～ 4 拍右臂胸前屈，扇面立于左侧胸前，反手握扇，左臂弯曲，扇面向前，荷叶边向上，头部转向左侧，目视正左方；5 ～ 8 拍与 1 ～ 4 拍动作相同。

(2) 第二个 8 拍：1 ～ 2 拍右手握扇斜上举，扇柄一侧贴紧前臂，扇面向前，荷叶边向左侧，向右上方抬头，目视扇柄；3 ～ 4 拍右臂经体前向左，扇面平行摆动至左上方，抬头，目视左上方；5 ～ 8 拍与 1 ～ 4 拍动作相同。

(3) 第三个 8 拍：1 ～ 2 拍抬头，目视左上方，右手握扇举过头顶，扇面向上，荷叶边向前；3 ～ 4 拍头部经体前向右侧绕环，右臂经体前翻转至扇面向前，两手握扇；5 ～ 8 拍与 1 ～ 4 拍动作相同。

(4) 第四个 8 拍：1 ～ 2 拍两手握扇柄，抱扇于体前，扇面向前，抬头向上，目视正上方；3 ～ 4 拍反转扇，荷叶边向下，含胸、低头；5 ～ 8 拍与 1 ～ 4 拍动作相同。见图 3-2-21。

2. 技术要点

头部动作要到位，清晰，与其他动作有明显区分。

3. 错误纠正

练习时易出现转头与歪头动作相似等问题。因此，应注意对头部的控制，动作要清晰。

第一个8拍（1～2拍）

第一个8拍（3～4拍）

第二个8拍（1～2拍）

第二个8拍（3～4拍）

第三个8拍（1～2拍）

第三个8拍（3～4拍）

第四个8拍(1～2拍)

第四个8拍(3～4拍)

图 3-2-21

(二)上肢动作组合

上肢动作组合是把上肢运动相连接，使练习者充分掌握上肢的基本动作，共四个 8 拍。

1. 动作方法

(1) 第一个 8 拍：1 ～ 2 拍右臂向右侧打开，右手正握扇，扇柄一侧紧贴前臂，扇面向前，荷叶边向上，头部转向右侧，目视扇侧面；3 ～ 4 拍反转扇面，荷叶边向下，头转向左侧；5 ～ 8 拍与 1 ～ 4 拍动作相同。

(2) 第二个 8 拍：1 ～ 2 拍两手握扇柄，体前团扇，扇面向前，荷叶边向上，含胸，低头；3 ～ 4 拍反转扇，荷叶边向下，抬头，挺胸；5 ～ 8 拍与 1 ～ 4 拍动作相同。

(3) 第三个 8 拍：1 ～ 2 拍右手握扇，直臂平举于胸前，扇面向下，荷叶边向前，抬头，挺胸；3 ～ 4 拍右手于体前绕环，反握扇贴于胸前，扇面向前，扇柄一侧贴近前臂；5 ～ 8 拍与

1 ～ 4 拍动作相同。

(4) 第四个 8 拍：1 ～ 2 拍两手握扇于身体右侧，目视右侧斜上方，扇柄贴近前臂，团扇；3 ～ 4 拍与 1 ～ 2 拍动作相同，方向相反；5 ～ 8 拍与 1 ～ 4 拍动作相同，由两拍一动改为一拍一动。见图 3-2-22。

2. 技术要点

手臂尽量伸展，保持动作幅度，同时注意配合头部动作。

3. 错误纠正

练习时易出现动作不协调等问题。因此，手腕力度应适中，保持扇面位置正确。

第一个 8 拍（1 ～ 2 拍）

第一个 8 拍（3 ～ 4 拍）

第二个 8 拍（1 ～ 2 拍）

第二个 8 拍（3 ～ 4 拍）

第三个 8 拍（1～2 拍）

第三个 8 拍（3～4 拍）

第四个 8 拍（1～2 拍）

第四个 8 拍（3～4 拍）

图 3-2-22

（三）髋部动作组合

髋部动作组合是把髋部运动相连接，使练习者充分掌握髋部的基本动作，共四个 8 拍。

1. 动作方法

（1）第一个 8 拍：1～2 拍两手握扇于胸前，团扇，髋部向左侧摆动，目视左前方；3 ～ 4 拍与 1 ～ 2 拍动作相同，方向相反；5 ～ 8 拍与 1 ～ 4 拍动作相同。

（2）第二个 8 拍：1 ～ 2 拍右脚向右后方拉步，脚尖点地，髋部向左侧送出，两手握扇于体前；3 ～ 4 拍收右脚，向体后出左脚，与 1 ～ 2 拍动作相同，方向相反；5 ～ 8 拍与 1 ～ 4 拍动作相同。

（3）第三个 8 拍：1 ～ 4 拍两手体前握扇，扇面向前，立扇，髋部前后绕环；5 ～ 8 拍与 1 ～ 4 拍动作相同。

（4）第四个 8 拍：1 ～ 4 拍两脚开立，重心移至左脚，髋部由左向右上下绕动一圈；5 ～ 8 拍与 1 ～ 4 拍动作相同。见图 3-2-23。

2. 技术要点

髋部摆动动作要明显。

3. 错误纠正

练习时易出现身体重心混乱等问题。因此，应注意随时调整重心。

第一个 8 拍（1 ～ 2 拍）

第一个 8 拍（3 ～ 4 拍）

第二个8拍（1～2拍）

第二个8拍（3～4拍）

第三个8拍（1～4拍）

第三个8拍（5～8拍）

第四个8拍（1～4拍）

第四个8拍（5～8拍）

图 3-2-23

（四）下肢动作组合

下肢动作组合是把下肢运动相连接，使练习者充分掌握下肢的基本动作，并准确运用，共五个 8 拍。

1. 动作方法

（1）第一个 8 拍：1 ～ 2 拍右脚在左脚前方内扣，脚跟点地；3 ～ 4 拍脚尖外展向右侧，身体随之转到侧面；5 ～ 8 拍与 1 ～ 4 拍动作相同。

（2）第二个 8 拍：与第一个 8 拍动作相同，方向相反。

（3）第三个 8 拍：1 ～ 4 拍右脚向左前方上步，两手团扇，身体转向左前方；5 ～ 8 拍左脚向左后方退步，右腿弯曲，左腿伸直，身体转向前方。

（4）第四个 8 拍：与第三个 8 拍动作相同，方向相反。

（5）第五个 8 拍：1 ～ 2 拍左脚向体前上步，身体后倾，右手握扇，合扇；3 ～ 4 拍与 1 ～ 2 拍动作相同，方向相反；5 ～ 6 拍右脚向后方退步，脚尖点地，两臂自然摆动；7 ～ 8 拍与 5 ～ 6 拍动作相同，方向相反。见图 3-2-24。

第一个8拍（1～2拍）

第一个8拍（3～4拍）

第三个8拍（1～4拍）

第三个8拍（5～8拍） 第五个8拍（1～2拍） 第五个8拍（5～6拍）

图 3-2-24

2. 技术要点

步伐幅度应配合上肢和扇子摆动动作，协调一致。

3. 错误纠正

练习时易出现上下肢动作分解等问题。因此，应对照镜子慢速练习，体会动作要领。

4

第四章

扇子舞动作组合

扇子舞动作组合是指将扇子舞的基本动作进行各种方式的连接组合，使动作更加连贯、协调，展示扇子舞动作的优美性与多样性。本章分为三节，包括单手扇子舞、双手扇子舞和双人扇子舞等。

第一节 单手扇子舞

单手扇子舞是指单手握扇完成的动作组合，而另一只手配合握扇手臂，主要展现单侧方向和一把扇子的动作优美性，包括女子单手扇子舞和男子单手扇子舞等。

一、女子单手扇子舞

女子单手扇子舞分为八个组合，动作由简单到复杂，体现了女性扇子舞练习者动作的细腻、优美，多数动作为右手握扇，少部分动作需要两手配合。

（一）第一组

第一组合共四个8拍，主要练习髋部的灵活性与平扇技术动作，身体的其他部位应辅助协调右手扇。

1. 动作方法

（1）第一个8拍：1～2拍右脚向右侧迈步，右手开扇，扇面向上，左手跟随右手做同样的摆动动作，肘关节夹于身体一侧，重心落于右脚，左脚略屈点地；3～4拍髋部向左侧摆动，两手随身体向左侧摆动，重心转至左脚；5～8拍与1～4拍动作相同。

（2）第二个8拍：1～7拍与第一个8拍动作相同；8拍时将左脚收回，两膝并拢。

（3）第三个8拍：1～4拍右脚向6点方向迈步，左脚在前，两膝弯曲，左手背于身体后方，右臂直臂向前，将扇面立起，重心落于左脚；5～8拍右脚收回，两脚并拢，右手屈臂向内挽扇，止于身体前端，左臂斜上举，手指呈自然形，身体略转向2点方向。

（4）第四个8拍：与第一个8拍动作相同。见图4-1-1。

第一个8拍（1～2拍）

第一个8拍（3～4拍）

第二个8拍（8拍）

第三个8拍（1～4拍）

第三个8拍（5～8拍）

图4-1-1

2. 技术要点

(1) 髋部摆动幅度要大，头部随身体摆动，扇面尽量持平。

(2) 平扇时，注意扇面的位置，辅助手臂的协调性。

3. 错误纠正

练习时易出现扇面不平稳等问题。因此，应注意控制扇面，保持动作协调。

(二) 第二组

第二组合共四个 8 拍，动作变化较快，可以练习手臂控制扇面的准确性；方向变化较大，可以增强练习者的方向感。

1. 动作方法

(1) 第一个 8 拍：1 ~ 2 拍右脚向右侧迈开一步，髋部随着右脚向身体右侧摆动，左腿膝盖内扣，脚尖内侧点地，右手斜上举，扇头下垂，左臂自然放松放于体侧；3 ~ 4 拍重心直接转至左腿，髋部向左侧摆动，右腿膝盖内扣，脚尖内侧点地，右手向内翻，扇面立起于身体前方，左手斜上举；5 ~ 8 拍与 1 ~ 4 拍动作相同。

(2) 第二个 8 拍：1 ~ 4 拍右腿弯曲上抬，右手外翻握扇于体侧，髋部向左侧摆动，右手不动（扇面向前，荷叶边向上）；5 ~ 8 拍右脚下放于左脚前方，两脚交叉提踵立，两腿夹紧，两手握扇于头上方，扇面向上，两臂放松，面向 1 点方向。

(3) 第三个 8 拍：1 ~ 2 拍身体左转 90 度，右脚交叉于左脚前方，重心在两腿中间，两手握扇，扇面立起（荷叶边向前）；3 拍重心下蹲，右脚脚尖内侧点地，右手握扇顺势下滑，打开至身体右侧，左手不动，身体转向正前方；4 拍右脚收回，身体左转，手臂动作同 3 拍；5 ~ 6 拍与第二个 8 拍 3 ~ 4 拍相同；7 ~ 8 拍右脚交叉于左脚前方，身体左转，两手端扇，准备做逆时针转体，扇面向上，身体保持立直，呈提踵立状。

(4) 第四个8拍：1～4拍左脚上步交叉于右脚前方，两脚提踵立，保持重心向上，逆时针转体一周，两手端扇，扇面向上；5～6拍向左转体，右手握扇，右脚身后点地，向内翻扇，左手滑于体侧；7～8拍两手收扇，躯干向下，两膝弯曲，左手握扇头，右手握扇把，低头。见图4-1-2。

2. 技术要点

方向变化时注意保持平扇和重心移动。

第一个8拍（1～2拍）

第一个8拍（3～4拍）

第二个8拍（1～4拍）

第二个8拍（5～8拍）

第三个8拍（1～2拍）

第三个8拍（3拍）

第三个8拍（4拍）

第三个8拍（7～8拍）

第四个8拍（1～4拍）

第四个8拍（5～6拍）

图 4-1-2

3. 错误纠正

练习时易出现上下肢动作分解等问题。因此，对照镜子慢速练习，体会动作要领。

（三）第三组

第三组合共四个 8 拍，该组动作步法较简单，扇子活动范围较大，身体其他部位（头、胸部）应辅助右手扇动作。

1. 动作方法

（1）第一个 8 拍：1 ～ 4 拍右脚向左脚前方迈步，身体左转 90 度，右手握扇向上摆动，扇子正面向前立起，左臂胸前弯曲，扶扇边，头转向前方；5 ～ 8 拍右臂经下向右后方摆动，扇面向前，荷叶边向下，扇柄贴于右前臂，左臂胸前弯曲，右脚收回与左脚并拢。

（2）第二个 8 拍：与第一个 8 拍动作相同。

（3）第三个 8 拍：1 ～ 4 拍身体向右转，左脚向身前迈步，交叉于右脚前方，左脚脚尖点地，右腕内翻，扇面立于右侧斜上方，左臂平伸于体侧，面向 2 点方向；5 ～ 8 拍右脚向体前并于左脚，两膝弯曲，右手向下，将扇面立于身体右下方，左手上举，面向 2 点方向。

（4）第四个 8 拍：1 ～ 4 拍右脚回退一步，重心向后，右手握扇，从身体前方将扇子拉于身体右侧，左手自然摆动，重心略低；5 ～ 8 拍髋部向左侧摆动，身体重心移至左侧，右手腕根部带动扇面向左侧摆动，左臂与右臂平行移动。见图 4-1-3。

2. 技术要点

扇子摆动要与下肢步伐变换协调一致。

3. 错误纠正

练习时易出现上肢动作不够伸展，扇面不平稳等问题。因此，应多照镜子慢速练习，体会动作要领。

第一个8拍（1～4拍）

第三个8拍（1～4拍）

第三个8拍（5～8拍）

第四个8拍（1～4拍）

第四个8拍（5～8拍）

图 4-1-3

（四）第四组

第四组合共四个8拍，该组出现了扣扇和直臂摆扇等基本动作，主要练习手臂控制扇面的技术。

1. 动作方法

（1）第一个8拍：1～4拍右脚向左前方迈步，与左脚交叉，身体转向左侧，右腕带动扇子向右上方立扇，扇面向前，荷叶边向上，左臂胸前弯曲；5～8拍左脚上步与右脚并拢，两膝弯曲，右臂由上向下摆动，与左臂平行胸前弯曲，右手握扇，开扇，扇面向左前方，荷叶边向下，含胸，低头。

（2）第二个8拍：1～8拍重心向前，面向左侧，右臂伸直向前，右手握扇，立扇，扇面向左侧，荷叶边向上，准备做逆时针转动。

（3）第三个8拍：1～4拍重心向左侧移动，两腿弯曲，面向左侧，右手握扇，伸直手臂立扇，扇面向前，荷叶边向上，左手自然上举，目视左侧方；5～8拍重心移至左侧，两腿弯曲，右臂在体前左右摆动，立扇，扇面向前，荷叶边向前，左手背于腰后。

（4）第四个8拍：与第三个8拍动作相同。见图4-1-4。

2. 技术要点

展胸、含胸要分明，手臂尽量伸直，动作舒展。

3. 错误纠正

转体时易出现扇面前后晃动等问题。因此，前臂应尽量控制扇面，可对照镜子慢速练习，体会动作要领。

第一个8拍（1～4拍）

第一个8拍（5～8拍）

第二个8拍（1～8拍）

第三个8拍（1～4拍）

第三个8拍（5～8拍）

图 4-1-4

（五）第五组

第五组合共四个 8 拍，主要练习开合扇技术。头部和胸部动作可以更好地展现扇子舞动作伸展性的特点。

1. 动作方法

（1）第一个 8 拍：1 ～ 4 拍身体转向右后方，手臂向后摆动，两膝弯曲并拢，含胸、低头，右臂在身体后侧伸直握扇，扇面向前，荷叶边向下，目视右下方；5 ～ 8 拍身体回到正前方，两腿弯曲，右手反握扇于胸前，扇面向前，荷叶边向上，面向 2 点方向。

（2）第二个 8 拍：与第一个 8 拍动作相同。

（3）第三个 8 拍：1 ～ 4 拍左脚开始向体前跑 4 步，右手合扇向体前摆动，4 拍时两臂在身体斜上方向内发力开扇，同时右脚并于左脚，两膝弯曲；5 ～ 8 拍两腿并拢向后跳 2 次，右手带动扇子向体后滑动，左臂与右臂同时向后摆动。

（4）第四个 8 拍：与第三个 8 拍动作相同。见图 4-1-5。

2. 技术要点

注意躯干位置正确，开合扇节奏准确。

第一个 8 拍（1 ～ 4 拍）

第一个 8 拍（5 ～ 8 拍）

第三个8拍（1～4拍）　　第三个8拍（5～8拍）

图 4-1-5

3. 错误纠正

练习时易出现开合扇动作不准确，上下肢动作不协调等问题。因此，腰部发力应适中，可对照镜子慢速练习，体会动作要领。

（六）第六组

第六组合共四个 8 拍，步伐较简单，主要练习摆扇技术动作。身体其他部位应辅助右手扇动作。

1. 动作方法

（1）第一个 8 拍：1 ～ 4 拍左脚开始左转一周跑 4 步，左臂侧平举，掌心向下，右臂弯曲，在头上平扇内旋一周；5 ～ 6 拍髋部向左侧摆动，左手斜上举，右手斜下举开扇，扇面立起；7 ～ 8 拍髋部向右侧摆动，右手向上，左手向下。

（2）第二个 8 拍：与第一个 8 拍动作相同，方向相反。

（3）第三个 8 拍：1 ～ 4 拍两腿弯曲向后跳 2 次，两臂平行，从前方经体侧向后绕环，右手持开扇；5～8 拍两臂经头上方向体前摆动，两腿向体前跳 2 次。

(4) 第四个 8 拍：与第三个 8 拍动作相同。见图 4-1-6。

2. 技术要点

手臂动作尽量伸展，保持扇面活动范围。

3. 错误纠正

练习时易出现上下肢动作不协调等问题。因此，应对照镜子慢速练习，体会动作要领。

第一个 8 拍（5～6 拍）

第一个 8 拍（7～8 拍）

第三个 8 拍（1～4 拍）

第三个 8 拍（5～8 拍）

图 4-1-6

（七）第七组

第七组合共四个 8 拍，步伐以欢快的跑步动作为主，方向变化较大，可以提高练习者的方向感和节奏感。

1. 动作方法

（1）第一个 8 拍：1 ～ 4 拍身体左转，左脚向上跳起，右脚体后弯曲，左手经体侧至头上，右腕内扣，向下滑手臂至右臂侧平举；5 ～ 8 拍与 1 ～ 4 拍动作相同，方向相反。

（2）第二个 8 拍：脚下动作与第一个 8 拍相同，手臂由上方经体侧横向摆动至左侧。

（3）第三个 8 拍：1 ～ 4 拍右脚开始右侧转身向后跑，两臂侧平举，扇面打开立起，右手握扇；5 ～ 8 拍与 1 ～ 4 拍动作相同，方向相反，继续转身向后跑动。

（4）第四个 8 拍：与第三个 8 拍动作相同。见图 4-1-7。

2. 技术要点

步伐要到位，保证动作的冲击力。

3. 错误纠正

练习时易出现扇面晃动等问题。因此，应注意控制扇面的稳定。

第一个 8 拍（1 ～ 4 拍）

第二个 8 拍（1 ～ 4 拍）

第三个8拍（1～4拍）

第三个8拍（5～8拍）

图 4-1-7

（八）第八组

第八组合共四个8拍，主要练习胸部的伸展性与立扇技术。该组为组合动作的结束部分，需要注意动作节奏的停顿。

1. 动作方法

（1）第一个8拍：1～4拍右脚向右侧迈步，左脚脚尖点地，两手打开平举，右手握扇略高，面向3点方向，头转向1点方向；5～8拍右脚与左脚并拢，两臂内收至体前，扇面立起，含胸，低头，两膝弯曲。

（2）第二个8拍：与第一个8拍动作相同，7、8拍时转身向后，两手握扇举过头顶立起，抬头，目视扇。

（3）第三个8拍：1～2拍右手握扇，经右侧两臂向体后摆动；3～4拍左脚向体前一步，同时两手逆时针在头上挽花；5～8拍重心向左侧移动，面向7点方向，左手高、右手低，头转向1点方向，右脚脚尖点地。

（4）第四个8拍：还原呈立正姿势，合扇于体侧，扇头向下，垂直于地面。见图 4-1-8。

第一个8拍（1～4拍）

第一个8拍（5～8拍）

第二个8拍（7～8拍）

第三个8拍（1～2拍）

第三个8拍（5～8拍）

图 4-1-8

2. 技术要点

上下肢动作协调，手臂尽量舒展。

3. 错误纠正

练习时易出现手臂弯曲，扇子路线不到位等问题。因此，应尽量加大动作幅度，展现动作的优美。

二、男子单手扇子舞

男子单手扇子舞共分为两个组合,每四个8拍为一个组合,动作简单,体现了男性扇子舞练习者的阳刚之美,与女子扇子舞形成了鲜明的对比。多数动作为右手握扇,少数分动作需要两手配合。

(一)第一组

第一组动作共四个8拍,下肢多以点地为主,上肢多为立扇、摆扇动作。动作缓和优美。

1. 动作方法

(1) 第一个8拍:1拍右手握扇自然站立,扇子在体后;2拍左脚向后方迈步,在右脚后侧脚尖点地,左手背于体后,右手并扇右下方45度举;3拍右手开扇;4拍右脚向右侧迈出,脚尖点地,两臂胸前弯曲,两手互握平扇,重心在左脚,身体转向左侧;5拍下肢动作不变,右臂直接伸直下拉,扇面立起,左手扶于扇子靠身体一侧的扇头位置;6拍手臂弯曲,将扇子反面托起于胸前;7～8拍立扇上举,扇子正面向内。

(2) 第二个8拍:1～2拍左脚向右脚后侧迈步,脚尖点地,左手弯曲于体前,右手开扇,扇头向内;3～4拍右手斜上举,左臂胸前弯曲,左手指间顺势伸向右臂抬起的方向;5～6拍右脚向后方迈步,面向1点方向,右臂直臂下落,平伸于体前,手腕外翻,平扇,扇子反面向上,左臂胸前弯曲,手扶于右臂肘关节处,准备开始做转体动作;7～8拍右脚开始逆时针方向转体一周,保持平扇,下举于身体斜下方。

(3) 第三个8拍:1～2拍右脚向身体后方撤步,脚尖点地,右前臂外翻,扇头向外,左臂体前弯曲,身体重心完全在右脚上;3～4拍左脚向右脚后方迈步,脚尖点地,右臂向身体斜上方摆动，手腕外翻，平扇，扇面向上，左臂头上弯曲，扶于扇子下方；5拍右脚后撤呈左弓步，右手斜下举，并扇，左手背于体后；6拍与5拍动作相同，将扇面向内打开；7～8拍左脚在右脚后侧脚尖点地，两臂经体侧至屈臂头上举，平扇，荷叶边下垂。

（4）第四个8拍：1～2拍重心后坐，左脚脚跟点地，两手握扇柄，开扇，扇头向下；3～4拍左脚向左侧迈出呈侧弓步，右手体侧下举，开扇，左臂顺重心移动方向，屈肘上提，目视扇子；5拍右脚向左脚前方迈一小步，左脚脚尖点地，右臂动作与4拍相同，将立扇改为平扇，左手屈臂，拉住扇内侧一角；6拍右手将平扇立起，左臂肘关节向上屈臂拉开；7～8拍右臂弯曲内扣于体前，扇子在手臂内侧，左臂肘关节架起，手扶于扇面。见图4-1-9。

2. 技术要点

动作注意重心的转换，手臂动作尽量舒展。

3. 错误纠正

练习时易出现身体重心转换与扇子摆动脱节等问题。因此，应注意重心变化时，手臂及扇面尽量保持原来的路线不变，特殊情况时可以改变髋关节路线，调整身体的协调性。

第一个8拍（1拍）

第一个8拍（2拍）

第一个8拍（3拍）

第一个 8 拍（4 拍）

第一个 8 拍（5 拍）

第一个 8 拍（6 拍）

第一个 8 拍（7 ～ 8 拍）

第二个 8 拍（1 ～ 2 拍）

第二个 8 拍（3 ～ 4 拍）

第二个 8 拍（5 ～ 6 拍）

第二个 8 拍（7 ～ 8 拍）

第三个 8 拍（1 ～ 2 拍）

第三个8拍（3～4拍）

第三个8拍（5～6拍）

第三个8拍（7～8拍）

第四个8拍（1～2拍）

第四个8拍（3～4拍）

第四个8拍（5拍）

第四个 8 拍（6 拍）　　第四个 8 拍（7 ～ 8 拍）

图 4-1-9

（二）第二组

第二组共四个 8 拍，下肢多以走步动作为主，需要注意方向的变化，上肢动作更注重手腕的力量。

1. 动作方法

（1）第一个 8 拍：1 ～ 2 拍左脚向体前迈步，右臂体前伸直，平扇，左臂弯曲，指尖扶于扇头，面向 7 点方向；3 ～ 4 拍右脚接着向 7 点方向迈步，手臂动作不变；5 ～ 6 拍左脚向左侧迈出，右脚脚尖点地，左臂肘关节弯曲上提，拉住扇子一角，右臂向身体一侧送平扇，面向 6 点方向，低头，目视地面；7 拍右脚向斜前方上步，左脚在右脚后，脚尖点地，右手向身体斜下方送扇，扇面立起，左臂弯曲，扶于一侧扇头；8 拍重心下降，右膝弯曲，两臂同时向身体右下方送出，扇面立起，荷叶边向下，左手拉住扇头一角。

（2）第二个 8 拍：1 ～ 4 拍右脚开始上步，做碎步转体，右手前伸，保持平扇，左臂胸前弯曲，辅助扇面；5 拍两脚交叉，左脚在前，右脚在后，右脚脚尖点地，右臂弯曲，将扇面立起盖于胸前；6 拍重心下降，两膝弯曲，右臂弯曲，手腕外翻，将扇子翻成平扇，扇头向外，左臂弯拉住扇头一角；7 ～ 8 拍两腿弯曲下蹲，臀部坐到脚跟上，两臂弯曲，保持扇面外翻向上。

(3) 第三个 8 拍：1 拍重心向上顺时针转体，两臂弯曲，保持平扇；2 拍右脚开始撤步，将扇子平面举起，面向 4 点方向；3 ～ 6 拍接着做转体，左右脚依次迈步，将扇子高举于头上，两臂伸直；7 ～ 8 拍右脚在前，左脚在后，右脚脚尖点地，膝盖略屈，将扇子下落于右髋部，右臂内旋，左臂在扇子外侧，两手握扇柄。

(4) 第四个 8 拍：1 拍左腿小踢腿，脚尖勾起，两手背于体后，扇面立于腰部，面向 5 点方向；2 拍左脚下落，面向 3 点方向，右脚在左脚后方，脚尖点地，两手背起；3 拍右脚向右侧摆动，身体向左侧拉起，右手在体侧伸直，扇面立起，扇头向下，左手背于体后；4 拍重心跳起，右脚向身体的右斜后方抬，右臂弯曲，逆时针旋转扇面，头部抬起，身体重心向左侧移动；5 拍右脚向体前迈步，两脚交叉，右臂在体侧伸直，手腕外翻，平扇，扇面向上，左臂胸前弯曲，肘关节抬起；6 拍右脚向体前迈步，左脚在右脚后方，脚尖点地，右臂体前弯举，扇面立起，扇头向内，左臂胸前弯曲，身体转向 8 点方向；7 拍两脚不动，右臂直接下拉，将扇子在体前送出；8 拍右臂顺势下落至体侧，扇头置于右髋部，左臂腹前弯曲，拉住扇头的荷叶边。见图 4-1-10。

2. 技术要点

手腕控制扇子的能力要强，动作中出现方向变化时，注意保持扇面稳定。

3. 错误纠正

练习时易出现扇面不平稳，转动方向不准确等问题。因此，应注意提高手臂的控制能力与方向感。

第一个8拍（1～2拍）

第一个8拍（3～4拍）

第一个8拍（5～6拍）

第一个8拍（7拍）

第一个8拍（8拍）

第二个8拍（1～2拍）

第二个8拍（3～4拍）

第二个8拍（5～6拍）

第二个8拍（7拍）

第二个8拍（8拍）

第三个8拍（1～2拍）

第三个8拍（3拍）

第三个8拍（4拍）

第三个8拍（5拍）

第三个8拍（6拍）

第三个8拍（7～8拍）

第四个8拍（1拍）

第四个8拍（2拍）

第四个8拍（3拍）

第四个8拍（4拍）

第四个8拍（5拍）

第四个8拍(6拍)

第四个8拍(7拍)

第四个8拍(8拍)

图 4-1-10

第二节 双手扇子舞

双手扇子舞是指两手握扇完成的动作组合。与单手扇子舞相比，它的艺术性更强，对练习者掌握扇子的基本能力也提出了更高的要求。双手扇子舞同样分为女子双手扇子舞和男子双手扇子舞两个部分。

一、女子双手扇子舞

女子双手扇子舞共分为三个组合，动作重点突出双手扇的摆动特点，体现了双手扇的复杂、多样性。练习双手扇子舞，有助于增强练习者身体的协调能力。

（一）第一组

该组动作共四个8拍，以两手握扇的方式展示了扇子舞动作的多样性，动作较简单。

1. 动作方法

(1) 第一个8拍：1拍两脚自然站立，两手开扇背于体后；2拍左脚向上跳起，右腿后屈，小腿抬起，两手在头上方将两扇打开，扇头向内；3～4拍右脚下落，交叉于左脚前方，两膝弯曲，两臂弯曲，手背相对，将两扇扇柄相对，扇头形成弧形，含胸，低头；5～6拍重心略向上，躯干部抬起，两手背略开，头部从略开的两扇中间露出；7～8拍下肢不动，两臂经过头上方打开，伸直在身体两侧。

（2）第二个8拍：1拍右脚向上跳起，左腿后屈，小腿抬起，两膝并拢，右臂向头上方摆动，压腕呈平扇，左臂弯曲，于体前立扇；2拍左脚向右脚前方落步，两膝弯曲，两臂伸直，于体前交叉，右臂在上，左臂在下，两扇同时立起重叠；3拍左脚跳起，右腿后屈，小腿抬起，两膝打开，两臂直臂摆动，向外于身体两侧平举，两扇立起，荷叶边向上；4拍右脚向下落在左脚前方，两脚交叉，两臂头上举，两扇重叠；5～6拍向后转身，两臂打开，向斜上方45度直臂开扇，面向5点方向；7～8拍逆时针转体，重心下降，两膝弯曲，右臂弯曲，立扇于体前，左臂弯曲，立扇于体后，面向1点方向。

（3）第三个8拍：1拍左脚跳起，右腿后屈，小腿抬起，两膝并拢，右臂伸直，在腹前向下送扇，左臂于体后弯曲不变；2拍右脚下落，于左脚前方交叉，两臂侧平举打开，合扇，扇子自然下垂，荷叶边向下，重心在两脚之间；3～4拍重心后坐，下肢动作不变，两臂弯曲，将合扇收于胸前，立扇；5～6拍重心向前，右腿伸直，左腿弯曲抬起，两臂直臂于体前交叉，将两手并扇向体前送出，面向8点方向；7～8拍左脚向右脚前方迈步，两膝弯曲，两臂头上直臂打开，两扇斜45度开扇。

（4）第四个8拍：1～2拍右脚跳起，左腿后屈，小腿抬起，两膝并拢，右臂直臂伸于头上方，左臂弯曲背于体后，两手开扇；3～4拍左脚落于右脚前方交叉，右臂向下直臂摆动，平扇伸于体前，左臂弯曲，于体后位置不变；5～6拍下肢动作右手开扇变成并扇，重心略向后，身体面向8点方向；7～8拍右脚跳起，左腿后屈，小腿抬起，两膝并拢，右臂弯曲，开扇于胸前，左臂背于体后开扇。见图 4-2-1。

2. 技术要点

上下肢动作协调，双手扇动作要配合完整。

3. 错误纠正

练习时易出现上下肢动作脱节等问题。因此，应对照镜子慢速练习，体会动作要领。

第一个 8 拍（1 拍）

第一个 8 拍（2 拍）

第一个 8 拍（3～4 拍）

第一个 8 拍（5～6 拍）

第一个 8 拍（7～8 拍）

第二个 8 拍（1 拍）

第二个8拍（2拍）

第二个8拍（3拍）

第二个8拍（4拍）

第二个8拍（5～6拍）

第二个8拍（7～8拍）

第三个8拍（1拍）

第三个8拍（2拍）

第三个8拍（3～4拍）

第三个8拍（5～6拍）

第三个8拍(7～8拍)

第四个8拍(1～2拍)

第四个8拍(3～4拍)

第四个8拍(5～6拍)

第四个8拍(7～8拍)

图 4-2-1

(二)第二组

该组动作中双扇摆动的幅度较大，展现了扇子舞动作的伸展性，共四个 8 拍。

1. 动作方法

(1) 第一个 8 拍：1 拍左脚下落，交叉于右脚前方，两膝弯曲靠拢，两臂弯曲，手背相对，两扇合并，扇面呈大圆形，重心在两脚中间，腰部扭转；2 拍下肢动作不变，重心前移，右臂打开，向身体斜下方送扇，左臂弯曲；3 ～ 4 拍重心后坐，左脚于体前抬起，右膝弯曲，右臂向斜上方 45 度举起，手腕外翻成平扇，扇头向外，左臂向身体斜前方伸出平扇；5 拍左脚落地，重心前移，两膝弯曲并拢，右臂下落，于体前弯曲立扇，左臂背于体后开扇；6 拍右脚跳起，左腿弯曲，两膝并拢，右手背于体后并扇，左臂体侧上举，将扇面立于头上方；7 ～ 8 拍左脚下落，交叉于右脚前方，腰部扭转，上体转向 7 点方向，右臂弯曲并扇，扇尾靠近左手扇扇头下方，左臂于体侧伸直向上，扇头向内，目视左手扇。

（2）第二个 8 拍：1 ～ 2 拍两脚交叉，左脚在前，右脚在后，重心后坐，右膝弯曲，左腿伸直，两臂打开并扇，右臂向斜上方 45 度举起，左臂体侧平举，左手扇自然下垂；3 ～ 4 拍下肢动作不变，腰部向 7 点方向扭转，右臂向下摆动，两臂伸直交叉并扇；5 拍右脚向 5 点方向迈步，两臂向斜上方 45 度开扇；6 ～ 8 拍左脚向体前迈步，面向 7 点方向，腰部扭转，两臂下落，右臂背于体后开扇，左臂屈于体前。

（3）第三个 8 拍：1 拍两脚提踵立，两臂头上举，扇头相对；2 拍重心下降，两膝弯曲，面向 3 点方向，两臂直臂于体前下落，开扇，荷叶边向下；3 ～ 6 拍两臂逆时针向下，直臂绕环举至头顶；7 ～ 8 拍两臂向身体左侧直臂下落，右手扇在前，左手扇在后，面向 8 点方向。

（4）第四个 8 拍：1 ～ 2 拍两脚提踵立，两腿交叉，右臂经体侧上举，扇头向上，左臂开扇背于体后；3 拍左臂动作不变，右臂将立扇扣腕变为平扇，扇头向前；4 拍重心下降，右膝弯曲，左腿在后伸直，右手扇立起下落，左手扇背于体后，腰部下压，挺胸、抬头；5 ～ 6 拍身体向 7 点方向转动，右臂前伸立扇，左臂背于体后不动；7 ～ 8 拍右脚跳起，左腿弯曲，两膝并拢，右臂向体侧直臂摆动，左臂打开，两臂呈侧平举立扇。见图 4-2-2。

2. 技术要点

做该组动作时，注意手臂尽量伸展，动作到位。

3. 错误纠正

练习时容易出现手臂弯曲，影响扇面的完整性等问题。因此，应注意上臂运动时，尽量远伸，避免手臂弯曲。

第一个 8 拍（1 拍）

第一个 8 拍（3 ～ 4 拍）

第一个 8 拍（5 拍）

第一个 8 拍（6 拍）

第一个 8 拍（7 ～ 8 拍）

第二个8拍(1～2拍)

第二个8拍(3～4拍)

第二个8拍(5拍)

第二个8拍(6拍)

第二个8拍(7～8拍)

第三个8拍(1拍)

第三个8拍(2拍)

第三个8拍(3～6拍)

第三个8拍(7拍)

第三个 8 拍（8 拍）

第四个 8 拍（1 拍）

第四个 8 拍（2 拍）

第四个 8 拍（3 拍）

第四个 8 拍（4 拍）

第四个 8 拍（5 ～ 6 拍）

第四个 8 拍（7 ～ 8 拍）

图 4-2-2

（三）第三组

该组动作共四个8拍，多次出现开扇、并扇等动作，展现了扇子舞动作的多样性和身体动作的协调性。

1. 动作方法

(1) 第一个8拍：1拍左脚向体前迈一小步，交叉于右脚前方，两臂弯曲，于体前开扇，两扇重叠；2拍两臂上举至头上方，两扇重叠；3～4拍两臂打开，向斜上方45度举起开扇；5拍重心下降，两膝弯曲靠拢，右臂下落，向身体斜下方伸出，左臂背于体后开扇；6拍左脚跳起，右膝弯曲，右臂弯曲收回，于腹前开扇；7～8拍右脚落于左脚后方，两脚交叉，膝盖略屈，右臂伸向斜下方，左臂向斜上方伸出，两手开扇。

(2) 第二个8拍：1～2拍左脚向右脚斜前方上步，面向8点方向，左手背于体后开扇，右手向身体前方伸出开扇；3～4拍重心后坐，左手扣腕，将扇头向下，右臂肘关节弯曲，向右侧抬起，前臂内扣，将扇面立于右肩处；5拍重心上提，两脚依然交叉，右脚在前，左脚在后，右臂伸直，向斜上方传送出，左臂外旋将扇面立起，两手开扇；6拍右臂手腕内翻，将扇面内扣，扇头下垂，左手开扇背于体后；7～8拍右脚向左脚前方迈一小步，两脚提踵，右臂于头上方举扇，左臂背于体后。

(3) 第三个8拍：1拍左脚向5点方向后退一大步，面向7点方向，右臂内旋，准备做下落动作，左手开扇背于体后；2拍左脚向上跳起，右腿后屈，小腿抬起，右臂下落，保持立扇，左臂背于体后，上体前倾，面向8点方向；3拍右脚向体前跑，左腿弯曲，两膝并拢，右臂横摆于体侧，左臂斜上举开扇；4拍逆时针转体，面向5点方向，两脚交叉，右脚在前，左脚在后，右手于头上方并扇，左臂背于体后开扇，抬头，目视右手扇；5～6拍身体左转90度，左脚向体前跑一步，右腿后屈，小腿抬起，右臂开扇下压，直臂停于体前；7～8拍身体左转90度，右脚向左脚前方迈一小步，两手开扇背于体后，面向1点方向。

（4）第四个8拍：1拍左脚向体侧跳，右脚向上侧踢，左臂背于体后，右臂直臂向上摆动，两手开扇；2拍身体左转90度，右腿后屈，左臂背于体后，右臂前伸，两手开扇；3拍右脚落于左脚后方，面向1点方向，两臂斜上举开扇；4拍重心向右侧移动，右臂上举，左臂背于体后，开扇；5拍两脚交叉，右脚在前，左脚在后，两臂于体侧打开，开扇；6～7拍左脚、右脚依次向体前迈步，逆时针方向转动，两臂保持侧平举，开扇；8拍左脚在前，两膝弯曲，右臂向右侧伸出开扇，左臂弯曲背于体后开扇，静止不动，结束造型。见图4-2-3。

2. 技术要点

开扇、并扇时注意手腕力度和手臂的伸展性。

3. 错误纠正

练习时易出现开扇、并扇的节奏不正确等问题。因此，应掌握好扇子开合的节奏。

第一个8拍（1拍）

第一个8拍（2拍）

第一个8拍（3拍）

第一个8拍（4拍）

第一个8拍（5拍）

第一个8拍（6拍）

第一个8拍（7～8拍）

第二个8拍（1～2拍）

第二个8拍（3～4拍）

第二个 8 拍（5 拍）

第二个 8 拍（6 拍）

第二个 8 拍（7 ～ 8 拍）

第三个 8 拍（1 拍）

第三个 8 拍（2 拍）

第三个 8 拍（3 拍）

第三个8拍（4拍）

第三个8拍（5～6拍）

第三个8拍（7～8拍）

第四个8拍（1拍）

第四个8拍（2拍）

第四个8拍（3拍）

第四个 8 拍（4 拍）

第四个 8 拍（5 拍）

第四个 8 拍（6 拍）

第四个 8 拍（7 拍）

第四个 8 拍（8 拍）

图 4-2-3

二、男子双手扇子舞

男子双手扇子舞共分为两个组合，动作重点突出男性练习者使用双扇时手腕的力度和上肢的控制能力。下肢动作较简单，练习者在练习时，主要掌握上肢的摆动路线，并控制好扇面即可。

(一)第一组

该组动作共四个 8 拍，以平扇动作为主，对手腕的要求较高，展现了男性练习者手腕力量对扇子的控制能力。

1. 动作方法

(1) 第一个 8 拍：1 拍右脚向体前迈一小步，两腿交叉，左脚在后，脚尖点地，两臂斜下举并扇，面向 1 点方向；2 拍两扇由并扇变为开扇，在体侧斜下方打开；3 ～ 4 拍保持两腿交叉，身体重心向左侧移动，两臂顺势向身体左上方送扇，右臂弯曲开扇于胸前，左臂略高于右臂，两扇扇头向内；5 ～ 8 拍两臂向下摆动，经腹前摆动至身体右侧，右臂伸直向斜上方举扇面，由扇头向下翻腕变为扇头向上，左臂弯曲，开扇立于胸前。

(2) 第二个 8 拍：1 ～ 2 拍面向 8 点方向，两臂经体前摆动至胸前斜上举，两手开扇，抬头，目视左手扇；3 ～ 4 拍左脚向体前迈步，面向 5 点方向，腰部逆时针方向转动，左臂伸直上举，开扇，扇头向内，右臂胸前弯曲，两扇上下排列，右手腕内扣，扇面同左手扇；5 ～ 6 拍腰部继续逆时针方向转动，左脚在前，右脚在后，右脚脚尖点地，重心在左脚，右臂经头上方向体侧直臂拉开，左臂横于胸前，上体正对 1 点方向，下肢侧对 2 点方向；7 ～ 8 拍重心下降，左膝弯曲，腰部向 8 点方向转动，两扇向身体左上方平扇送出，目视左手扇。

(3) 第三个 8 拍：1 拍右脚向右侧迈出，两臂经体前摆动至身体右侧，两扇扇头向左，扇柄向右，身体重心跟随右脚向右侧移动；2 拍左脚向右脚后方伸出，脚尖点地，两扇继续向体侧摆动，右臂在体侧伸直，扇头向下，左臂胸前弯曲，扇头向下，下肢侧对 8 点方向，上体转向 2 点方向；3 ～ 4 拍左脚向体前上步，两臂直臂于体前翻扇，两扇正面向前打开，略超出身体，面向 1 点方向；5 ～ 6 拍身体重心向上，两扇直臂举至斜上方

45度开扇，扇面向前，髋关节略向体前送；7～8拍身体重心继续向上，两腿接近伸直，两臂内旋，将两扇扇面相对，抬头。

（4）第四个8拍：1拍左脚向体前上步，两膝直立，两手扇打开，正面向前；2拍左脚向上跳起，右膝弯曲上提，两臂于身体两侧打开，右肩高于左肩，身体与髋关节同时向斜上方带起；3拍右脚下落于左脚前方，两脚前后开立，两臂继续下落；4拍重心前移，两臂直臂于髋部两侧开扇，扇面向前，下肢侧对8点方向，上体转向2点方向，头部顺势看向2点略低的位置；5拍下肢动作不变，两臂弯曲上提，两扇相对，扇头向内，扇柄向外；6～8拍左脚与右脚并拢，两膝略屈，两前臂向下，手腕内扣，手背相对，将扇柄靠拢，两扇形成一大圆形，含胸，低头，两扇遮住头部。见图4-2-4。

2. 技术要点

平扇时应注意手臂尽量延伸，手臂弯曲时手腕内扣。

3. 错误纠正

练习时易出现扇面不平稳等问题。因此，上肢做动作时应尽量保持手腕的稳定，注意控制扇面。

第一个8拍（1拍）

第一个8拍（2拍）

第一个8拍（3～4拍）

第一个 8 拍（5 拍）

第一个 8 拍（6 拍）

第一个 8 拍（7 拍）

第一个 8 拍（8 拍）

第二个 8 拍（1 ～ 2 拍）

第二个 8 拍（3 ～ 4 拍）

第二个 8 拍（5 ～ 6 拍）

第二个 8 拍（7 ～ 8 拍）

第三个 8 拍（1 拍）

第三个8拍（2拍）

第三个8拍（3～4拍）

第三个8拍（5～6拍）

第三个8拍（7～8拍）

第四个8拍（1拍）

第四个8拍（2拍）

第四个8拍（3拍）

第四个8拍（4拍）

第四个8拍（5拍）

第四个8拍（6拍）

第四个8拍（7～8拍）

图 4-2-4

（二）第二组

该组动作共四个 8 拍，以双扇摆动和大路线绕臂动作为主，展现了男性练习者动作幅度较大的特点。

1. 动作方法

（1）第一个 8 拍：1 ～ 2 拍两膝伸直站立，两扇经头上举，向外打开，两手腕旋转；3 拍左脚向体前迈一小步，右脚在后屈膝，脚尖点地，重心在右脚，上臂打开举至斜上方 45 度开扇，扇面立起，扇头向内，扇柄向外，面向 2 点方向；4 拍两膝弯曲，重心下降，两臂打开至髋部两侧，两臂伸直，将扇面向身体前方送出，目视右手扇；5 拍右前臂内收，将扇面扣于体前，左臂位置不变，头转向 8 点方向；6 拍右脚上跳，左膝上提，两臂向身体左上方摆动；7 拍左腿弯曲，向身体后方下落，两臂直臂下压，两扇平行于髋部两侧；8 拍身体重心前移，完全落在左脚上，两扇向身体右后方摆动，右臂伸直，扇头下垂，左臂弯曲，立扇于体前，面向 8 点方向，回头目视 2 点方向，身体呈后摆扭转状态。

（2）第二个 8 拍：1 ～ 2 拍左脚向左侧迈一大步，两臂经身体下方向左斜上方摆动，面向 7 点方向；3 ～ 4 拍左脚向上跳起，右腿后屈，小腿抬起，两臂伸直立扇，左手扇略高于右手扇，两扇平行，右脚向 1 点方向迈一大步，呈右侧弓步，面向 7 点方向，两臂下落，平扇摆动；5 ～ 6 拍左脚向体后伸出，右膝弯曲，下肢转向 8 点方向，两臂继续向体前送扇，平扇，扇头相对，扇子与下肢略呈扭转状态；7 ～ 8 拍身体继续向 2 点方向扭转，两扇向身体右侧摆动，右臂伸直于体后，扇头向下，左臂胸前弯曲立扇，目视 2 点方向。

(3) 第三个 8 拍：1 ～ 2 拍右脚向左脚前方迈步，两膝弯曲，含胸，低头，两臂由内向外平扇送出，经过两扇交叉，两臂伸直打开至体前；3 拍右脚向右侧迈一小步，左脚在体侧伸直，髋部向右侧摆动，右臂直臂向上，扇面立于头部右侧上方，左臂开扇背于体后；4 拍左脚向右脚后方伸出，脚尖点地，右臂摆动至头上方举扇，扇头向内，左手开扇背于体后；5 ～ 6 拍右手扇扇面向 8 点方向，右臂贴住身体，直臂下落，扇头自然下垂，摆动至身体后方；7 ～ 8 拍左脚向身体斜后方伸出，两臂打开至身体斜下方，两手开扇，扇面向前。

(4) 第四个 8 拍：1 ～ 2 拍左脚向右脚前方迈步，两脚前后交叉，两臂直臂收回，左手在身体前方开扇，扇面立于腹前，右手扇扇面开于腰部；3 ～ 8 拍为结束造型，保持 1 ～ 2 拍的动作静止不动。见图 4-2-5。

2. 技术要点

注意胸部、头部的动作与手臂、扇面的摆动配合协调。

3. 错误纠正

男性练习者动作较粗糙，容易出现动作不精确，扇面不到位等问题。因此，应增强动作的准确性，避免影响扇子舞的效果。

第一个8拍（1～2拍）

第一个8拍（3拍）

第一个8拍（4拍）

第一个8拍（5拍）

第一个8拍（6拍）

第一个8拍（7拍）

第一个8拍（8拍）

第二个8拍（1拍）

第二个8拍（2拍）

第二个8拍（3拍）

第二个8拍（4拍）

第二个8拍（5～6拍）

第二个8拍(7拍)

第二个8拍(8拍)

第三个8拍(1拍)

第三个8拍(2拍)

第三个8拍(3拍)

第三个8拍(4拍)

第三个 8 拍（5 拍）

第三个 8 拍（6 拍）

第三个 8 拍（7 ～ 8 拍）

第四个 8 拍（1 ～ 2 拍）

第四个 8 拍（3 ～ 8 拍）

图 4-2-5

第三节 双人扇子舞

双人扇子舞主要通过两人的身体位置变化，展现扇子舞的多样性和优美性。本节将介绍一套简单的双人扇子舞，让练习者进一步了解扇子舞的方向和跑位变化等。

一、第一组

该组动作共四个8拍，两位练习者多数动作是一致的，变化不多，较容易掌握。

1. 动作方法

(1) 第一个8拍：1拍女生两腿自然站立，两手开扇背于体后，站在男生前方，男生与女生动作相同；2～3拍女生右脚向后退，直臂扇子在体前，左臂背于体后，面向2点方向，男生左脚向后退，手臂动作与女生相同，面向8点方向；4拍女生两脚前后开立，左脚在前，右脚在后，重心后坐在右脚上，右臂伸直，将扇子举于身体正前方，左手背于体后，面向2点方向，男生两脚前后开立，右脚在前，左脚在后，重心后坐在左脚上，右臂伸直，将扇子举于身体正前方，左手背于体后，面向8点方向；5～6拍两人下肢动作均不变，右臂伸直内旋，握扇手腕下翻，使扇面自然下垂；7～8拍两人握扇手臂弯曲，收回腹前，将扇面立在身体前方，并贴于腹部。

(2) 第二个8拍:1～2拍两人两脚前后开立,女生左脚在前,右脚在后,男生右脚在前,左脚在后,握扇手直臂伸向身体前方,压腕将扇面立起,女生面向2点方向,男生面向8点方向;3～4拍两人下肢动作不变,握扇手臂向两人中间的斜上方举起,并扇将两扇交叉重叠,左手背于体后;5～6拍两人左、右脚依次向体前迈步,逆时针方向旋转,扇面经过后倒,手腕绕动,使扇子呈平扇;7～8拍女生左脚在前,右脚在后,右手向斜前方举扇,左臂弯曲扶住扇头,男生右脚在前,左脚在后,右手向斜前方举扇,左臂弯曲,左手扶扇头,两扇1/3重叠,两人面对面。

(3) 第三个8拍:1拍女生左脚向后退一步,右臂弯曲,收扇于腹前,左臂弯曲,左手扶于右臂肘关节处,面向2点方向,男生直接将伸出的右手扇收回腹前,左臂不动,面向8点方向;2拍两人下肢动作不变,将右手握扇向体前送出,开扇,两扇在两人身体中间交叉;3～4拍女生左脚向后退一步,两人变为右脚在前、左脚在后的弓步,均面向8点方向,右手体前伸直开扇,扇头向内,左臂弯曲,轻抚右臂肘关节处;5～6拍下肢动作不变,两人右臂直接向身体侧面摆动,扇头向下,左臂胸前弯曲,两人并列站立,男生略靠后;7～8拍两人右臂继续向上摆动至斜上举开扇,左臂弯曲,左手扶于右肩关节处。

(4) 第四个8拍:1～2拍两人两脚前后开立,右脚在前,左脚在后,右臂经身体左侧滑动,手臂伸直于左斜前方,左臂弯曲,左手扶于右臂肘关节处,两人面向8点方向并列站立,男生略靠后;3～4拍两人两脚前后站立,右脚在前,左脚在后,两臂于胸前弯曲重叠,扇面下垂,于身体正前方盖住腹部;5～6拍两人左脚向体前勾脚小踢腿,两臂伸直压腕,身体转向勾脚方向,压腕同时将扇头翘起,保持平扇,两手握扇柄;7～8拍两人左脚向 6 点方向退一大步，呈左侧弓步，髋关节与重心向迈步方向送出，右臂向身体左斜上方送扇，左臂略弯曲，左手扶于右手握扇下方。见图 4-3-1。

第一个 8 拍（1 拍）

第一个 8 拍（2 拍）

第一个 8 拍（3 拍）

第一个 8 拍（4 拍）

第一个 8 拍（5 拍）

第一个 8 拍（6 拍）

第一个8拍（7～8拍）

第二个8拍（1～2拍）

第二个8拍（3～4拍）

第二个8拍（5拍）

第二个8拍（6拍）

第二个8拍（7拍）

第二个8拍（8拍）

第三个8拍（1拍）

第三个 8 拍（2 拍）

第三个 8 拍（3 ～ 4 拍）

第三个 8 拍（5 ～ 6 拍）

第三个 8 拍（7 ～ 8 拍）

第四个 8 拍（1 ～ 2 拍）

第四个 8 拍（3 ～ 4 拍）

第四个8拍（5拍）

第四个8拍（6拍）

第四个8拍（7～8拍）

图 4-3-1

2. 技术要点

由于是双人扇子舞，应注意两人动作的一致性，以及两个扇面展示的艺术性。

3. 错误纠正

练习时易出现两人动作不协调，方向不准确等问题。因此，每位练习者应准确完成自己的动作和把握好方向，以免影响同伴和整体效果。

二、第二组

该组动作共五个8拍，跑位和身体方向变化较多，也充分体现了双人扇子舞与单人扇子舞的区别。

1. 动作方法

(1) 第一个8拍：1拍两人左脚侧弓步，右脚向右侧迈出，两臂由左斜上方送扇摆动至右斜上方举扇，左臂在头后方弯曲；2～3拍将举扇手臂下拉至身体斜前下方平举，左臂吊肘胸前平屈，髋关节向6点方向顶髋，重心后移；4拍下肢动作不变，右臂内旋，将扇头向下，左手拉回胸前，准备做云手绕扇；5～7拍平扇，逆时针绕扇，左手辅助绕扇，身体重心略向上；8拍下肢动作不变，重心在左脚上，右臂弯曲，将扇子拉至左肩处，扇面向前，左臂弯曲，扶住荷叶边靠近身体1/3处，面向1点方向。

(2) 第二个8拍：1～2拍两人左脚侧弓步，右臂于体前右下方伸直开扇，扇头向上，左臂弯曲，左手扶于右臂肘关节处；3～4拍身体重心向右侧移动，变成右侧弓步，左脚伸直，脚尖点地，右臂伸直体前开扇，左臂弯曲，左手扶于右臂肘关节处，面向8点方向；5～8拍两人左肩相靠，逆时针旋转，右臂侧平举，翻腕平扇，左臂背于体后，目光对视。

(3) 第三个8拍：1～2拍两人左脚向体前迈步，左脚在前，右脚在后，右臂体前伸直，左臂弯曲，左手扶于右手握扇处，女生面向1点方向，男生面向5点方向，两人右肩错开；3拍女生向左转体180度，面向5点方向，两手举扇送至头顶，抬头，目视扇子，男生两臂直接上举扇至头顶，抬头，两人并列站立；4拍两人身体顺时针转动，右手握扇下拉，至右臂于身前伸直开扇，扇面向前，两扇平行，左臂于头上方弯曲；5～6拍两人左脚跳起，右腿后屈，小腿抬起，右臂向上摆动，将扇子举至头顶，扇柄向外，扇头向内，左臂侧平举，面向2点方向；7～8拍男生左脚下落呈左弓步，右手前伸开扇，左臂弯曲，拉于扇头内侧1/3处，面向8点方向，女生动作不变，同5～6拍。

(4) 第四个8拍：1拍女生右脚向体后伸出，左脚在体前伸直，重心在左脚上，右手向斜侧方举扇，左臂侧平举，男生右膝弯曲跪地，重心向前，两人前后重叠，男生在前面向8点方向，女生面向2点方向；2拍女生重心后移，将扇子收回至右髋处，左臂弯曲扶腰，男生重心后移，右手扇拉回至右髋处，男生面向8点方向，女生面向2点方向；3拍女生向左转体90度，身体前倾，右手扇向身前送出，左臂弯曲，左手扶于右臂肘关节处，面向8点方向，男生重心向前，右手扇向8点方向送出，左臂弯曲，左手扶于右臂肘关节处，两扇平行；4～5拍两人下肢动作保持不变，上肢顺时针方向绕动，右臂伸直保持平扇，经头上方绕动，收回至胸前，两手在扇子外侧扶扇柄；6拍女生重心前移，向2点方向立扇送出，左臂于体后弯曲，男生站起，重心前移，右手直臂向8点方向送扇，左臂弯曲背于体后；7拍女生重心向下，右膝跪地，右臂弯曲，将扇子拉回左胸处，下肢侧向3点方向，上体转向1点方向，男生重心回拉站立，右脚在左脚前方，右前臂外翻，立扇于右髋处，扇头向外，左臂于身前弯曲；8拍女生下肢动作不变，右手腕向内扣，立扇于左髋处，男生直臂挥扇，将扇子摆动至右斜上举，左臂于头上弯曲，左手扶扇头，面向8点方向。

(5) 结束动作：1拍左脚向身前伸出，右腿在身后弯曲，重心后坐，右臂向体前伸直平扇，扇头向内，左臂弯曲，左手扶于右臂肘关节处，两人面向 2 点方向；2 ～ 4 拍两人逆时针绕转，使扇子在身前自然下垂，左、右脚依次迈步；5 拍两人背靠背，重心在后，两手握扇，压腕，扇头立起，男生面向 3 点方向，女生面向 7 点方向，头均转向 1 点方向；6 拍两人下肢动作不变，握扇的两手分别向 1 点方向翻腕，将扇子立起；7 ～ 8 拍两人右脚向 3 点方向迈步，左腿伸直，右臂体侧斜上举，扇头向下，左臂弯曲，左手扶于右肩，两人前后平行站立，女生在前，男生在后。见图 4-3-2。

2. 技术要点

该组动作步法变化较多，应注意手臂与下肢动作的配合。

3. 错误纠正

练习时易出现两人动作不协调，方向混乱等问题。因此，每位练习者应准确完成自己的动作并掌握好方向，以免影响同伴和整体效果。

第一个 8 拍（1 拍）

第一个 8 拍（2 ～ 3 拍）

第一个8拍（4拍）

第一个8拍（5～7拍）

第一个8拍（8拍）

第二个8拍（1～2拍）

第二个8拍（3～4拍）

第二个8拍（5～8拍）

第三个 8 拍（1～2拍）

第三个 8 拍（3拍）

第三个 8 拍（4拍）

第三个 8 拍（5～6拍）

第三个 8 拍（7～8拍）

第四个 8 拍（1拍）

第四个 8 拍（2 拍）

第四个 8 拍（3 拍）

第四个 8 拍（4 ～ 5 拍）

第四个 8 拍（6 拍）

第四个 8 拍（7 拍）

第四个 8 拍（8 拍）

结束动作（1 拍）

结束动作（2 ～ 4 拍）

结束动作（5 拍）

结束动作（6 拍）

结束动作（7 拍）

结束动作（8 拍）

图 4-3-2